LES QUATRE CHEVAUX DU MESSIE

Origines Chrétiennes .1.

BERNARD GINESTE

LES QUATRE CHEVAUX DU MESSIE

APOCALYPSE 5-6 : UN CONTE INITIATIQUE

𝔒𝔯𝔦𝔤𝔦𝔫𝔢𝔰 𝔆𝔥𝔯é𝔱𝔦𝔢𝔫𝔫𝔢𝔰
BoD

© Bernard Gineste, deuxième édition, 2019

Édition : BoD — Books on Demand
  12/14 rond-point des Champs-Élysées, 75008 Paris

Impression : BoD — Books on Demand, Norderstedt, Allemagne

ISBN : 9782322158799

Dépôt légal : septembre 2019

Καὶ εἶδον ὅτε ἤνοιξεν τὸ Ἀρνίον μίαν ἐκ τῶν ἑπτὰ σφραγίδων, καὶ ἤκουσα ἑνὸς ἐκ τῶν τεσσάρων ζῴων λέγοντος ὡς φωνῇ βροντῆς Ἔρχου. καὶ εἶδον, καὶ ἰδοὺ ἵππος λευκός, καὶ ὁ καθήμενος ἐπ' αὐτὸν ἔχων τόξον, καὶ ἐδόθη αὐτῷ στέφανος, καὶ ἐξῆλθεν νικῶν καὶ ἵνα νικήσῃ.

SOMMAIRE

Tout le monde a entendu parler des « Quatre cavaliers de l'Apocalypse ». Le récit de cette vision de Jean a une structure très simple, du type des contes de fées. Mais c'est aussi une méditation des Écritures centrée sur le chapitre 53 du *Livre du prophète Isaïe*. Un personnage trop négligé, « l'un des vingt-quatre anciens », guide céleste de Jean, s'avère être Isaïe lui-même. Comme la fée marraine de Cendrillon, Isaïe apparaît à son successeur Jean pour l'assister, et, comme elle, il préside à d'étranges métamorphoses préparant un mariage : Le Messie, d'abord à la fois Lion et Racine, se transforme en un Agneau égorgé, puis en un Cavalier qui monte tour à tour quatre chevaux respectivement blanc, rouge, noir, puis verdâtre. Le code très précis de ces couleurs successives est tiré du chapitre 13 du *Lévitique* (manuel des prêtres pour l'identification des lépreux) et du chapitre 5 du *Cantique des cantiques* (portrait de l'Époux par sa Bien-Aimée). Ces quatre chevauchées représentent donc la carrière terrestre du Messie de l'an 29 à l'an 33, car selon *Isaïe* 53,4, il devait être considéré comme un lépreux et rejeté par les autorités religieuses établies, avant d'être reconnu comme le Messie par son épouse l'Église chrétienne.

SUMMARY

In what context do the so-called Four Horsemen of the Apocalypse arise ? First a basic narrative scheme as in the fairy tale genre, then a meditation centered on *Isaiah* 53. An under-studied character, "one of the twenty-four elders", John's heavenly guide, turns out to be Isaiah himself. Like Cinderella's Fairy Godmother, he presides over metamorphoses : The Messiah becomes both a Lion and a Root, then a Lamb, then a Horseman riding four horses one after the other. The code of their successive colors, white-red-black-greenish, is taken from *Leviticus* 13 (the priests' handbook for the identification of lepers) and from *Song* 5, 10-12 (portrait of the Husband by his Beloved). So they are the four years of the earthly career of the Messiah, who according to *Isaiah* 53,4 was to be considered a leper and rejected by established religious authorities, before being acknowledged as the Messiah by the Church.

Un schéma narratif traditionnel

Dans l'*Apocalypse de Jean*, l'auteur, en tant que voyant, est transporté dans les cieux, où il assiste au drame suivant : la liturgie grandiose de la cour céleste est soudain perturbée par l'apparition, entre les mains du Très-Haut, d'un *livre scellé*, qu'il s'agit d'*ouvrir*. Or cette tâche apparaît si ardue qu'aucun champion ne se propose pour l'accomplir. Le voyant éclate alors en pleurs.

Heureusement, un membre énigmatique de la cour céleste s'en vient le consoler en lui assurant que ne va pas tarder un héros portant ces titres : d'une part *Lion de Juda*, et d'autre part *Rejeton de David*. Jusque-là, on est en présence d'une structure narrative tout à fait traditionnelle et parfaitement claire, ainsi que d'un type de héros plutôt commun, à savoir de souche et d'apparence royales.

La suite est plus inattendue, quoique non moins traditionnelle, parce que le héros dont il est question se présente en fait sous une forme disgraciée, voire pitoyable, à savoir celle d'un *Agneau égorgé*, par un de ces paradoxes violents qui parsèment tout le livre de l'*Apocalypse*.

Ceci dit, comme dans beaucoup de contes folkloriques[1], cet anti-héros fait le job : Il ouvre un par un, et apparemment sans

---

[1] Cette étude a été rédigée, pour l'essentiel, avant de prendre connaissance des travaux suivants consacrés à l'*Apocalypse* par l'exégèse narratologique anglosaxonne: D.L. BARR, "The Apocalypse of John as Oral Enactment", *Interpretation* 40 (1986) 243-256; "Using Plot to Discern Structure in John's Apocalypse", *Proceedings of the Eastern Great Lakes and Mid-West Biblical Societies* 15 (1995) 23-33; *Tales of the End. A Narrative Commentary on the Book of Revelation* (Santa Rosa 1998; 2ᵉ éd. 2012); "Waiting for the End That Never Comes: The Narrative Logic of

la moindre difficulté, les *Sept Sceaux* qui empêchaient d'ouvrir ce volume de parchemin écrit sur ses deux faces. Le résultat de cet exploit n'est pas moins déconcertant : à chaque fois qu'il en ouvre un, du moins pour les quatre premiers, surgit un *Cheval* de couleur différente, dans l'ordre suivant : blanc, rouge, noir et verdâtre. Et chacun de ces destriers successifs est monté par un cavalier que caractérisent à chaque fois des attributs bien déterminés autant qu'énigmatiques.

Nous ne traiterons pas ici de la suite du récit, parce qu'il faut bien nous limiter, et que nous sommes déjà là en présence de plusieurs difficultés à ce jour non résolues. Et l'obscurité ne règne pas seulement dans le détail, où s'embarrassent la plupart des commentaires, mais encore et surtout dans la logique générale du récit : quel est le fil conducteur entre ce lion, cet agneau et ces quatre chevaux ? Et qui est le

---

John's Story", in S. MOYISE (ed.), *Studies in the Book of Revelation*, (Edinburgh 2001) 101-112. — J.R. MICHAELS, "Revelation 1:19 and the Narratives Voices in Apocalypse", *NTS* 37 (1991) 604-620. — E. BORING, "Narrative Christology in the Apocalypse", *CBQ* 54 (1991) 702-723. — B. WOOTTEN SNYDER, "Triple-Form and Space/Time Transitions: Literary Structuring Devices in the Apocalypse" in E.H. LOVERING (ed.), *Society of Biblical Literature 1991 Seminar Papers* (Atlanta 1991) 440-460. — A. J. P. GARROW, *Revelation* (London 1997, reed. 2012). — J.L. RESSEGUIE, *Revelation Unsealed. A Narrative Critical Approach to John's Apocalypse* (Leiden 1998) ; *Narrative Criticism of the New Testament* (Grand Rapids 2005); *The Revelation of John: A Narrative Commentary* (Grand Rapids 2009). — Y. JANG, "Narrative Function of the Apocalypse", *Scriptura* 80 (2002) 186-196; "Narrative Plot of the Apocalypse", *ibid.* 84 (2003) 381-390. — G. DESROSIERS, *An Introduction to Revelation: A Pathway to Interpretation* (London 2000) 10-24 ("the Story") et 70-75 ("narrative criticism"). — J.K. NEWTON, "Reading Revelation Romantically", *Journal of Pentecostal Theology* 18 (2009) 194-215. Le point commun de ces publications est d'analyser l'*Apocalypse* comme un récit, avec son intrigue, ses personnages, son cadre spatio-temporel, son point de vue narratif, etc. en partant du principe émis par Barr (*Tales*, p. 2): « The story underlying the *Apocalypse* is the story of Jesus ».

personnage céleste qui guide le voyant dans la compréhension de ces événements évidemment symboliques[2] ?

Points acquis, point obscurs

Avant d'aborder ces questions, rappelons d'abord les quelques points qui font, s'il est possible, l'unanimité.

Jean appartient à la première génération chrétienne, et c'est un prophète dont l'autorité est assez importante pour s'adresser simultanément à sept communautés chrétiennes de la province romaine d'Asie proconsulaire. Il a une connaissance approfondie et fluide des Écritures hébraïques autant que de leurs versions grecques[3], et il s'adresse à un public certainement choisi ou très encadré, auquel il ne ressent pas le besoin d'expliquer ses très nombreuses et très précises allusions textuelles.

L'ouvrage en effet est destiné à être lu. Mais par qui, et à qui ? dans quel cadre institutionnel, et suivant quel procès de transmission ? Quels niveaux de compétences et de formation suppose-t-il chez ses premiers lecteurs, et parmi ses auditoires originels ? Ce n'est pas seulement en effet le contenu et la signification de la prophétie de Jean qui restent à ce jour en grande partie enveloppés d'obscurité, mais encore le contexte et le processus médiatiques de sa conception et de sa

---

[2] De nombreux commentateurs passent discrètement sur ce personnage. Rares sont ceux qui avouent ingénument leur perplexité, comme G.S. MENOCHIO, *Brevis explicatio sensus literalis totius S. Scripturae* (Cologne 1630) II 520: « Quisnam fuerit hic sanctus incertum est »; L. FROMOND, *Commentarius* (Louvain 1657) 97: « Qui autem fuerit ille, nemo scire potest. » ; J. DA SILVEIRA, *Commentariorum in Apocalypsim tomus I* (Lyon 1667) 349: « Quis iste fuerit, omninò ignoratur ».

[3] G.V. ALLEN, "Scriptural Allusions in the Book of Revelation and the Contours of Textual Research 1900-2014", *CBR* 14 (2016) 319-339.

réception originelles[4]. Car il est bien certain que la tradition interprétative de l'*Apocalypse* n'a pas été un long fleuve tranquille. L'ouvrage au contraire a souvent suscité, et semble-t-il dès le départ, non seulement l'incompréhension mais encore la gêne, voire le rejet, puisqu'il a même été écarté pendant plusieurs siècles du canon de la plupart des églises d'Orient[5]. De nos jours encore la plupart des spécialistes conviennent que l'interprétation de cette prophétie conserve d'importantes zones d'obscurité[6].

Cependant la nature de certains des symboles qui y sont évoqués est transparente, au point de faire l'unanimité. Ainsi, le *volume scellé* dont il est ici question renvoie sans l'ombre d'un doute à un passage très précis de la Bible, à savoir au livre du prophète *Daniel*. La fin de ce livre en effet annonçait des événements à venir plutôt mystérieux, et le prophète y recevait cette consigne (*Daniel* 12, 4) : *« Toi, Daniel, serre ces paroles et scelle (σφράγισον) le volume (τὸ βιβλίον) jusqu'au temps de la Fin »*.

Le début de la vision céleste de Jean que nous étudions ici conclut donc, des plus clairement, la boucle narrative laissée ouverte par celle de Daniel, puisque l'enjeu est désormais l'ouverture de ce *volume (βιβλίον) scellé (κατεσφραγισμένον) de sept sceaux*. Quant au héros censé mener cette tâche à bien, c'est clairement le personnage qu'attendent depuis plusieurs

---

[4] L. GARCIA UREÑA, "The Book of Revelation: a Written Text Towards the Oral Performance", in R. SCODEL, *Between Orality and Literacy* (Leiden 2014) 309-330.

[5] Pour un bon résumé de la question, voyez E.B. ALLO, *L'Apocalypse* (Paris 1933) CCXXXII-CCXXXIV.

[6] P. PRIGENT, *L'Apocalypse de saint Jean* (2ᵉ éd. ; Genève 2000, réimpr. 2014) 111, écrit ainsi au détour d'une discussion : « Ce raisonnement est d'une logique parfaite, la seule objection qu'on puisse lui faire est de demander si la logique règne souverainement sur les visions de l'*Apocalypse*. La réponse est évidente [sic] et l'argument perd alors le meilleur de sa force. »

générations les juifs pieux, à savoir le Messie, qui devait d'après un consensus presque général sortir de la maison de David, elle-même issue de la tribu de Juda.

La suite est moins claire. Tout le monde voit bien que l'Agneau immolé représente lui aussi le Messie, mais cette fois du seul point de vue chrétien. On voit mal cependant comment il se fait qu'on passe ici d'une manière si abrupte du *Lion* à l'*Agneau*, sans qu'aucune explication en soit apparemment donnée au voyant, ni au lecteur, ni aux auditeurs de ce lecteur. Et la chose est d'autant plus étrange que Jean a pourtant à sa disposition un guide céleste qui a proposé de lui-même ses services.

De même, tout le monde voit bien que la section dite des *quatre cavaliers* s'inspire de très près de deux chapitres du *Livre de Zacharie*. Mais pour autant personne à ce jour n'a trouvé le fil directeur, la logique qui conduit de notre Agneau à ces Chevaux. C'est sans doute pourquoi leur signification générale reste obscure, et plus encore celle des nombreux détails qui caractérisent chacun d'entre eux. Et en effet chaque élément de leur attirail symbolique a inspiré à lui seul une foule d'explications ou d'applications concurrentes aussi ingénieuses que totalement contradictoires, dont le seul relevé pourrait occuper un gros ouvrage. Nous reprenons donc ici le dossier à nouveaux frais, en commençant par identifier s'il est possible le guide céleste de Jean, tâche qui ne nous paraît pas futile, comme à beaucoup de modernes[7],

---

[7] Depuis au moins H. BULLINGER, *In Apocalypsin* (Bâle 1557) 72: « Nomen ejus non editur, unde et temerè et curiosè requiri videtur ». C. A LAPIDE en 1648, *Commentaria in Apocalypsin* (Venise 1700) 79: « Verùm haec divinando dicuntur, et merae sunt conjecturae ». J. LE BUY DE LA PERIE, *Paraphrase* (Genève 1651) 141: « Cette recherche est non seulement curieuse et inutile, mais aussi hors de propos ». J. GILL, *An Exposition of the Revelation* (London 1776) 61: « These are all fancies and

puisque que tout le désigne au contraire comme détenant la clé de cette interprétation.

Qui sont les vingt-quatre anciens ?

Le personnage qui s'adresse à Jean appartient à un mystérieux collège de vingt-quatre figures célestes formant le troisième cercle autour du trône divin, après les quatre vivants et les sept esprits : *Et autour du trône, vingt-quatre trônes, et sur les trônes, vingt-quatre anciens (πρεσβυτέρους) assis enveloppés dans des manteaux blancs, et sur leurs têtes des couronnes d'or.*

André Feuillet[8] a démontré de façon convaincante, et sans qu'il soit besoin d'y revenir que ces vingt-quatre entités ne peuvent être des anges, et que ce sont au contraire nécessairement des êtres humains, seuls appelés à partager quelque chose de la royauté divine. Ce sont, plus précisément, de saints personnages ayant vécu avant l'avènement du Messie, et qui saluent son avènement avec joie. Reste le

---

conjectures ». D. DRASH, *L'Apocalypse de saint Jean* (Paris 1873) 32: « Croirait-on que des interprètes ont recherché quel pouvait être ce vieillard ? Les uns ont pensé à S. Luc, d'autres à S. Pierre etc. !!». J.A. SMITH, *Commentary* (Philadelphia 1884) 84: « There is nothing to identify the elder who speaks ». W.H. SIMCOX, *The Revelation* (Cambridge 1890) 35 : « *One of the elders* : It is idle to speculate which. ». On ne trouve même plus un mot sur cette question dans les commentaires les plus copieux du XXe siècle, ceux de CHARLES (1920), ALLO (1921), AUNE (1997) ou PRIGENT (2000). DENIS LE CHARTREUX, *Opera omnia*, t. 14 (Montreuil 1896) 269, mort en 1471, lui-même extatique et visionnaire patenté, se débarrassait de la question d'une manière plus élégante, en suggérant que ce personnage ne serait de toute façon que purement fantasmatique: « Probabilius autem loqui videntur, qui omnia ista per eumdem angelum Johanni revelata affirmant : qui tamen in vi imaginativa Johannis diversarum personarum formavit effigiem ».

[8] "Les vingt-quatre vieillards de l'*Apocalypse*", *RB* 63 (1958) 3-22.

problème de leur identification, et de leur nombre précis, problème singulièrement *irritant*, selon les termes fort judicieux de Pierre Prigent[9].

Plusieurs identifications de ce collège ont été proposées. On a évidemment pensé aux vingt-quatre familles de sacrificateurs qui se partageaient à tour de rôle l'exercice du culte dans le Temple de Jérusalem, au témoignage du *Premier livre des Chroniques* (24, 1-19) ; ou encore aux vingt-quatre familles de lévites, qui se partageaient pareillement l'exercice de la chantrerie au long de l'année liturgique (25, 1-31). Mais alors il s'agirait ici de collectivités, chacune étant représentée auprès de Dieu par une figure céleste finalement moins humaine qu'angélique, et on revient au même problème : comment des anges pourraient-ils siéger sur des trônes en présence du Très-Haut, sort qui n'a jamais été promis qu'à des hommes ? On a aussi songé aux Livres du canon juif, qui seraient au nombre de vingt-quatre, du moins selon un comput moins habituel que celui qui n'en compte que vingt-deux. Mais comment de simples livres, fussent-ils inspirés, pourraient être représentés comme des personnages célestes trônant auprès de Dieu[10] ? Et si on suggère alors qu'il s'agirait plutôt des auteurs de chacun de ces supposés vingt-quatre livres, on rencontre une autre difficulté plus grande encore, puisque par exemple les cinq premiers d'entre eux, qui forment la Torah à proprement parler, étaient tous attribués à Moïse, tandis qu'au contraire les douze petits prophètes n'étaient comptés que pour un seul livre.

---

[9] P. PRIGENT, *op. cit.*, 175.

[10] Dans cette perspective John NAPIER, inventeur des logarithmes, *A Plaine Discovery of the whole Revelation* (Edinburgh 1593), 104-105, n'hésite pas à identifier l'Ancien qui s'en vient consoler Jean avec le *Livre de la Genèse*.

On est donc bien forcé de penser que Jean fait ici allusion, non pas à un texte précis des Écritures, mais à une tradition en vigueur de son temps qui dénombrait un collège de vingt-quatre personnages dans les Écritures, sans que ces dernières n'en donnent elles-mêmes de liste explicite. Or une tradition de ce genre est connue et conservée en grec dans l'ouvrage appelé *Vitae prophetarum*, dont il a été démontré qu'il remonte à un original du premier siècle[11]. On y trouve des notices sur vingt-trois prophètes[12], répartis en trois groupes. Ce sont d'abord les quatre « grands prophètes », d'Isaïe à Daniel, puis les « douze petits prophètes » d'Osée à Malachie, ces seize premiers prophètes rangés dans le même ordre que dans les actuels canons juifs et chrétiens ; puis sept autres prophètes auxquels ne sont pas attribués des écrits, mais qui sont mentionnés dans les récits des livres de *Samuel*, des *Rois* et des *Chroniques*, de Nathan à Élisée.

Cette compilation dénombrait donc vingt-trois prophètes, nombre qui n'avait probablement pas été inventé par l'auteur. Maintenant comment serait-on passé de ce nombre de 23 prophètes, à celui de 24 que nous trouvons dans l'*Apocalypse* ? C'est sans nul doute parce que la tradition chrétienne la plus ancienne y a ajouté Jean-Baptiste, considéré comme le dernier des prophètes de l'ordre ancien : *La loi et les prophètes ont subsisté jusqu'à Jean*[13]. Par ailleurs une autre source chrétienne, qui remonte au moins au second siècle, sinon plus haut, atteste aussi ce nombre précis de

---

[11] M. PETIT, "Vie des prophètes", in P. GEOLTRAIN - J.-D. KAESTLI, *Écrits apocryphes chrétiens, tome 2* (Paris 2005) 419-452. D.R.A. HARE a proposé plus précisément, avec de nouveaux arguments, le premier quart du premier siècle, "The Lives of the Prophets", in J.H. CHARLESWORTH, *The Old Testament Pseudepigrapha*, t. 2 (Garden City 1985) 381.

[12] Ce sont respectivement : Isaïe, Jérémie, Ézéchiel, Daniel, Osée, Michée, Amos, Joël, Abdias, Jonas, Nahum, Habacuq, Sophonie, Aggée, Zacharie (fils de Barachie), Malachie, Nathan, Achie, Joèd, Azarias, Zacharie (fils de Juda), Élie et Élisée.

[13] *Luc* 16, 16, cf. *Matthieu* 11, 11.

vingt-quatre prophètes. Il s'agit de l'*Évangile de Thomas*, compilation gnosticisante d'origine obscure mais ancienne, dont le 52ᵉ logion porte : *Ses disciples lui dirent : Il y a eu vingt-quatre prophètes en Israël et tous ont parlé de toi.*
Maintenant voyons qui se détache de ce groupe de vingt-quatre prophètes préchrétiens pour venir guider Jean dans sa visite céleste. Le grec porte : εἷς ἐκ τῶν πρεσβυτέρων, littéralement : *un (εἷς) d'entre (ἐκ) les anciens (τῶν πρεσβυτέρων)*. De là, la traduction habituelle qui comprend εἷς, numéral cardinal grec, comme un numéral cardinal effectif : « l'un (quelconque) des anciens »[14].

Le tour récurrent εἷς ἐκ τῶν... « l'un d'entre les » ?

Mais en réalité les choses sont beaucoup moins simples qu'il n'y paraît. Car ce tour stéréotypé revient huit fois dans l'*Apocalypse*, et à deux reprises au moins le contexte empêche clairement de le comprendre ainsi, parce qu'il y désigne très clairement le premier élément d'une série numérique, en concurrence avec le numéral ordinal grec πρῶτος, « premier ». Aussi se pose la question de savoir si cette expression n'avait pas, au sein des communautés auxquelles s'adresse l'*Apocalypse*, une valeur d'usage ordinale à connotation emphatique[15].

---

[14] Vulgate: *unus de senioribus* ; Crampon: « un des vieillards »; Bible de Jérusalem, SEGOND: « l'un des vieillards »; MARTIN, CHOURAQUI: « un des anciens » ; Colombe, T.O.B.: « l'un des anciens » ; King James Version, Revised Version: « one of the elders », etc.

[15] D. HERVE, *Apocalypsis Explanatio* (Lyon 1634) 132: « unus, ac fortassis, juxta vim nominis illius in Scripturâ usitatam, primatius viginti quattuor Seniorum, qui ipsi astabant. » Waple (*The Book of Revelation paraphrased*, London, 1694, p. 81) : « *And One* (or the first, and chief). For so *One* seems to signifie in this Prophecy ; as also it does, *Dan.* 10. 13. *Gen.* 1. 4. *Matth.* 28. 1. »

Lorsque nous est présentée la série des quatre Vivants qui forme le premier cercle autour du trône divin (4, 7), la première de ces entités est désignée par le numéral ordinal : *Et le premier vivant (τὸ ζῷον τὸ πρῶτον), semblable à un lion, et le deuxième vivant (τὸ δεύτερον ζῷον), semblable à un veau, etc.*

Mais les choses changent lorsque s'ouvre la série des sept sceaux enfin ouverts par l'Agneau (6, 1). Les quatre premiers sont mis en lien avec nos quatre vivants. L'auteur abandonne alors le numéral ordinal πρῶτος, « premier », au bénéfice du numéral cardinal εἷς / μία / ἕν, « un, une ». *Et je vis, lorsque l'agneau ouvrit « un » (μίαν) d'entre les sept sceaux (ἐκ τῶν ἑπτὰ σφραγίδων), et j'entendis « un » (ἑνὸς) d'entre les quatre vivants (ἐκ τῶν τεσσάρων ζῴων) qui disait comme d'une voix de tonnerre : Viens.*

La série se continue ainsi : *Et je vis, quand il ouvrit le deuxième (τὴν δευτέραν) sceau, j'entendis le deuxième vivant (τοῦ δευτέρου ζῴου) qui disait : Viens !* Et ainsi de suite.

En revanche, l'auteur revient au numéral ordinal pour présenter, dans le septénaire suivant, le premier des sept anges qui sonnent de la trompette. *Et le premier (ὁ πρῶτος) trompeta* (8, 7) ; puis : *Et le deuxième ange (ὁ δεύτερος ἄγγελος) trompeta* (8, 8) ; etc.

Il en va de même pour la série des sept anges versant des coupes (16, 2) : *Et s'en alla le premier (ὁ πρῶτος) et il versa sa coupe* (16, 2). Et plus loin (16, 3) : *Et le deuxième (ὁ δεύτερος) versa sa coupe*, etc.

De même encore pour les douze rocs de fondation de la Nouvelle Jérusalem (21, 19) : *Et le premier (ὁ πρῶτος) était de jaspe, le deuxième (ὁ δεύτερος) de saphir, etc.*

Comment interpréter ce phénomène ? Il est évident que le premier septénaire, celui des sept sceaux, est rapproché volontairement par l'auteur du premier septénaire des Écritures, du premier chapitre de la *Genèse*.

On y trouve en effet une numérotation hébraïque inverse de celle qui a cours en français, par exemple pour les quantièmes du mois : « premier janvier, deux janvier, trois janvier, etc. » L'hébreu porte quant à lui : « jour un… jour deuxième… jour troisième, etc. », ce qui est conservé très littéralement par la version grecque traditionnelle dite des Septante : *Journée une (ἡμέρα μία)… journée deuxième (ἡμέρα δευτέρα)… journée troisième (ἡμέρα τρίτη)*, etc.

Le septénaire des sceaux use d'une numérotation du même genre. La question se pose donc de savoir s'il ne s'agit pas d'un tour grec emphatique employé délibérément pour imiter de façon ostensible la numérotation spéciale employée par les Écritures pour raconter les premiers jours de la création. Il ne s'agirait évidemment pas ici d'un hébraïsme de traduction, ni même de pensée, mais d'une tournure spécifiquement ecclésiastique, utilisée, voire formée *ad hoc* par l'auteur, et, quoi qu'il en soit, d'un sens parfaitement clair pour ses lecteurs et auditeurs d'origine[16].

Et comme le tour que nous étudions est à prendre forcément, à deux reprises, au sens d'un numéral ordinal (6, 1, *bis*)[17], il nous faut nous demander ce qu'il en est dans les six autres cas où le contexte n'est pas si clair (5, 5 ; 7, 13 ; 13, 3 ; 15, 7 ; 17, 1 ; 21, 9).

Nous commencerons par les quatre derniers, avant de revenir aux deux premiers qui nous intéressent au premier

---

[16] Ceci dit contre une objection de K Vitringa, Ἀνάκρισις *Apocalypsios* (Franeker 1705) 269, qui nous paraît assez gratuite: « Si *primus* fuisset, scripsisset haud dubiè Joannes : εἷς τῶν πρεσβυτέρων (אחד הזקנים), non εἷς ἐκ τῶν πρεσβυτέρων (אחד מזקנים). »

[17] Ceci sans parler d'un autre cas où le numéral cardinal est pris des plus clairement au sens d'un ordinal dans l'*Apocalypse*. 8, 13 : « Hélas, hélas, hélas (Οὐαί Οὐαί Οὐαί) pour les habitants du pays ! » 9, 12 : « le *un* hélas (ἡ Οὐαὶ ἡ μία) est passé, voici, arrivent encore deux hélas après ça. » 11, 14 : « Le deuxième hélas (ἡ Οὐαὶ ἡ δευτέρα) est passé, voici, le troisième hélas (ἡ Οὐαὶ ἡ τρίτη) arrive vite ! »

chef puisqu'ils concernent *« un » d'entre les vingt-quatre anciens* (5, 5 ; 7, 13).

Premier cas (13, 3), la série des sept têtes de la Bête monstrueuse qui servira plus loin de véhicule à la Grande Prostituée. *Et « une » (μίαν) d'entre ses têtes (ἐκ τῶν κεφαλῶν αὐτοῦ) comme égorgée à mort et la blessure de sa mort a été soignée et toute la terre a été émerveillée derrière la bête.* Il y un consensus général pour considérer que ces têtes représentent une série d'empereurs romains. On se divise ensuite sur leur identification et surtout sur celle de cette tête spéciale, « comme égorgée ». On a proposé surtout Néron, suicidé sur son propre glaive en 64, ou parfois encore Caligula, égorgé par sa garde rapprochée en 41. Mais si le tour que nous étudions a ici aussi le sens que le contexte impose de lui donner ailleurs, il serait plutôt question ici de Jules César lui-même, premier de la série des monarques julio-claudiens[18]. Lui aussi en effet a été proprement égorgé en l'an 44 avant notre ère, qui plus est dans un temple et lors d'une cérémonie sacrificielle. Quant à son apparente survie, il s'agirait simplement de sa divinisation posthume par son successeur Auguste, et du culte officiel qui lui est dès lors rendu partout dans l'Empire, y compris dans une bonne partie de la Palestine. Déjà Noël Aubert de Versé en 1703 pensait que, dans ce passage, le numéral cardinal *μίαν* doit être pris à

---

[18] Hypothèse déjà retenue par bien des auteurs, dont N. AUBERT DE VERSE, qui pense être le premier à la formuler, *La Clef de l'Apocalypse* (Paris 1703) I 51-54; puis au moins F.O. ZUSCHLAG, *Die Offenbarung* (Leipzig 1860) 133-134; Ch. BRUSTON, *Revue de Théologie et de Philosophie* 21 (1888) 262; H. GUNKEL, *Schœpfung und Chaos in Urzeit und Endzeit* (Göttingen 1895) 355; F.C. PORTER, *The Messages of Apocalyptical Writers* (New York 1905) 244-246; C.E. DOUGLAS, *The Mystery of the Kingdom* (London 1915) 185; J.P.M. SWEET, *Revelation* (Philadelphia 1979) 209; D.E. AUNE, *Revelation 17-22* (Dallas 1998) 736; S.S. SMALLEY, *The Revelation to John* (Downers Grove 2005) 338; P.J. LEITHART, *Revelation 12-22* (London 2018) 58.

la manière hébraïque en un sens ordinal, non pas « une », mais « la première d'entre ses têtes »[19].

Deuxième cas (15, 7), la série des sept anges porteurs de coupes. Nous avons vu que, comme les anges porteurs de trompettes, ils sont numérotés d'une façon plus normale que les sept sceaux. Cependant, qui leur donne leurs coupes ? C'est à nouveau « *un* » *(ἓν) d'entre les quatre vivants (ἐκ τῶν τεσσάρων ζῴων)*. L'auteur veut-il désigner ici l'une quelconque de ces quatre entité ? Ou bien s'agit-il de celle qu'il a déjà désignée par ce même tour (6, 1), à savoir (4, 7) *le premier vivant (τὸ ζῷον τὸ πρῶτον), semblable à un lion* ? N'est-il pas de soi probable que la même expression, très exactement et délibérément reprise, signifie ici la même chose que dans sa première occurrence ? Sans quoi n'aurait-il pas été plus clair de dire : « *un autre* d'entre les quatre vivants » ?

Troisième et quatrième cas. Après que les sept anges porteurs de coupes sont entrés en action (16, 2-17), nous voyons encore à deux reprises apparaître l'un d'entre eux à titre individuel, et cela à chaque fois très exactement dans les mêmes termes : *Et arriva* « *un* » *(εἷς) d'entre les sept anges (ἐκ τῶν ἑπτὰ ἀγγέλων) tenant sept coupes* (17, 1 ; 21, 9). S'agit-il d'après le contexte de n'importe lequel d'entre eux, ou bien de celui qui était d'abord mentionné (16, 2) comme *le premier (ὁ πρῶτος)* ? Comparons les textes.

16, 2 : *Et partit le premier (ὁ πρῶτος) et il déversa sa coupe sur la terre et il y eut un ulcère mauvais et malin sur les gens ayant la marque de la bête et ceux qui se prosternaient devant son image.*

---

[19] *Op. cit.*, p. 736. De même AUNE, SMALLEY et LEITHARD, respectivement en 1998, 2005 et 2018.

17, 1-3 : *Et arriva « un » (εἷς) d'entre les anges (ἐκ τῶν ἑπτὰ ἀγγέλων) qui tenaient les sept coupes, et il parla avec moi en disant : Viens, je te montrerai le jugement de la Grande Prostituée qui siège sur les eaux nombreuses (...) et il m'emmena au désert en esprit et je vis une femme siégeant sur une bête écarlate.*

On voit qu'il s'agit ici, visiblement, du même ange, qui mène et initie la lutte contre les entités sataniques hostiles au Messie. De plus, après avoir montré à Jean la Grande Prostituée, il lui montre l'Épouse de l'Agneau (21, 9-10) : *Et arriva « un » (εἷς) d'entre les anges (ἐκ τῶν ἑπτὰ ἀγγέλων) qui tenaient les sept coupes (...), et il parla avec moi en disant : Viens, je te montrerai la fiancée, la femme de l'agneau, et il m'emmena en esprit sur une montagne grande et élevée, et il me montra la cité sainte de Jérusalem qui descendait du ciel.*

Nous sommes à nouveau en présence d'un guide céleste, qui prend le relais de celui qui nous occupe, *l'« un » des vingt-quatre vivants*. Mais n'est-il pas étrange qu'il soit présenté, à deux reprises lui aussi, par le même tour que nous étudions ? N'y a-t-il pas là un mélange incompréhensible de précision minutieuse et de vague irritant, si du moins on prend ce tour au sens vague de « l'un quelconque » de ces sept anges ?

N'est-il pas plus naturel de comprendre que nous sommes ici en présence d'un tour qui conventionnellement désigne à six reprises le *primus inter pares* de trois groupes bien définis ?

— C'est d'abord « le premier d'entre les vingt-quatre anciens », à deux reprises (5, 5 et 7, 13). C'est le premier guide céleste de Jean ;

— puis « le premier d'entre les quatre vivants » également à deux reprises (6, 1 et 15, 7) ;

— et finalement « le premier d'entre les sept anges », à nouveau à deux reprises (17, 1 et 21, 9), qui est clairement le second guide céleste de Jean.

Il n'est pas difficile d'ailleurs de déterminer quel ange désigne alors ce tour. On le retrouve en effet dans le *Livre de Daniel* (10, 13) pour désigner très expressément Michel, le chef des milices angéliques : *Et voici, Michel (Μιχαηλ), l'un (אחד, εἷς) des premiers chefs (τῶν ἀρχόντων τῶν πρώτων) est arrivé pour me secourir.*

Or le même *Daniel* (12, 1) prophétise un peu plus loin que Michel, en tant que général-en-chef des armées divines, se manifestera lors de l'ouverture du livre à la fin des temps *: Et en ce temps-là se lèvera Michel le grand chef (Μιχαηλ ὁ ἄρχων ὁ μέγας) qui est établi sur les fils de ton peuple, et ce sera un temps d'épreuve (καιρὸς θλίψεως), une épreuve (θλῖψις) telle qu'il n'y en a pas eu depuis qu'a été engendrée une nation sur la terre jusqu'à cette époque-là, et en ce temps-là sera sauvé tout ton peuple qui a été trouvé dans le livre.*

Précisément l'*Apocalypse* elle-même (12, 7) donne expressément à Michel ce rôle de général-en-chef : *Et il y eut une bataille dans le ciel, Michel (ὁ Μιχαὴλ) et ses Messagers, pour combattre avec le Dragon, et le Dragon combattit ainsi que ses Messagers.*

Nous sommes donc conduit par ce qui précède à l'*hypothèse de travail* qui suit : dans l'*Apocalypse*, le tour technique récurrent εἷς ἐκ τῶν, littéralement « l'un d'entre les… » semble revêtir pour l'auteur et ses premiers lecteurs et auditeurs, presque tous juifs et familiers des écritures hébraïques, une valeur d'usage nettement plus précise, à savoir « le premier d'entre les… », ceci en lien avec les premiers versets des Écritures qui présentent une numérotation des jours de la semaine où le premier numéro est exprimé par un numéral cardinal, hébreu אחד, *ehad*, grec εἷς / μία / ἕν.

Cette hypothèse n'a rien d'arbitraire, car on a un exemple patent d'un tel usage dans les *Évangiles de Marc* et *de Matthieu*, où la résurrection du Messie est datée exactement de cette façon du « premier jour de la semaine », ou plutôt, littéralement : « la une des journées-de-la-semaine (τῇ μιᾷ τῶν σαββάτων) »[20]. Ce tour était donc bien parfaitement compréhensible de tous les premiers chrétiens, même non-juifs, puisqu'il servait à désigner l'événement fondateur du nouveau culte, célébré chaque semaine par la communauté des croyants.

Qui est le premier guide céleste de Jean ?

Revenons donc au personnage qui s'adresse à Jean pour le consoler et le guider (5, 5), *« un » d'entre les anciens (εἷς ἐκ τῶν πρεσβυτέρων)*. Notre hypothèse de travail nous invite à comprendre qu'il s'agit ici du « premier des vingt-quatre anciens ». Nous ne sommes pas les premiers à le supposer et à chercher à l'identifier sur cette base[21]. Mais nous y ajoutons qu'il s'agit plus précisément, en l'occurrence du « premier d'entre les prophètes ». Qu'est-ce à dire ?

La première des *Vies des Prophètes* est celle d'Isaïe. C'est le *Livre d'Isaïe* qui commence la série des quatre grands

---

[20] *Marc* 16, 9 ; *Matthieu* 28, 1.

[21] On a proposé sur cette base, *primo,* Adam, comme J. DE LA CHETARDIE, *L'Apocalypse expliquée par l'histoire ecclésiastique* (4ᵉ éd. ; Paris 1707) 29; — *secundo*, saint Pierre (seulement chez les catholiques, les protestants préférant Jacob) comme NICOLAS DE LYRE vers 1330 (*loc cit.*) ; A. ROCHA, *Apocalypsis* (Lima 1653) 29v°; B. HOZHAUSER vers 1650, *Interpretatio in Apocalypsin* (Vindobonae 1850) 98 : « Iste unus *de senioribus* est S. Petrus primus inter Apostolos: sicut dicitur *Genes.* C. 1. Et *factum est vespere, et mane dies unus*, h. e. primus » ; ID. (adaptation franç. de WUILLERET ; Paris 1872) I 234; J. DE BORDES, *Elucidatio* (Paris 1658) 294-295; E. PUTMAN, *An Exposition of the Apocalypse* (Boston 1858) 37: « the Prince of the Apostles, who first plainly confessed the divinity of Christ among men »; A.J.B. DUPRAT, *L'Apocalypse* (Lyon 1889) I 408.

prophètes et des douze petits prophètes dans les canons juifs et chrétiens, et c'est aussi de loin le plus volumineux de tous. Isaïe est encore le premier prophète cité formellement, explicitement et nominativement par chacun des *Évangiles*[22]. Selon celui de Luc, le premier acte public de Jésus est de dérouler dans la synagogue de Nazareth un rouleau du *Livre d'Isaïe*, pour en lire un passage dont il proclame qu'il est en train de se réaliser[23]. Ajoutons qu'un ouvrage apocryphe, qu'on pourrait qualifier de roman apocalyptique, et qui date selon toute apparence du début du second siècle, l'*Ascension d'Isaïe*[24], atteste la popularité de ce personnage au moins dans certains cercles paléochrétiens qui le considéraient visiblement comme une sorte de saint patron des prophètes chrétiens.

Voyons maintenant le rôle que joue l'*Ancien* que nous soupçonnons d'être Isaïe et personne d'autre, et les propos qui lui sont prêtés pour consoler le voyant.

Plusieurs auteurs en effet, spécialement parmi les médiévaux, ont déjà soupçonné que la consolation qu'il apporte à Jean est d'ordre scripturaire, en raison surtout du contexte tissé de réminiscences bibliques où intervient cet interlocuteur mystérieux[25]. Il s'agirait donc, pour le plus

---

[22] *Marc* 1, 2 ; *Jean* 1, 23 ; *Matthieu* 3,3 ; *Luc* 3, 4.

[23] *Luc* 4, 13-21 citant *Isaïe* 61, 1-2 *in extenso*.

[24] Voyez par exemple E. NORELLI, *Ascension d'Isaïe* (Turnhout 1993). Isaïe se mêle même de prophétiser que dans l'Église chrétienne à venir, il y aura assez vite une décadence de l'institution prophétique, dès après la première génération (*Ascension* 3, 21-31, pp. 113-114).

[25] Citons pour mémoire trois identifications conjecturales de cet interlocuteur, isolées et curieuses, surtout pour la dernière. *Primo* Matthieu, sans doute parce que son *Évangile* commence par établir l'origine davidique de Jésus et se termine par l'affirmation de sa toute-puissance au ciel et sur terre (opinion signalée dès avant 1471 par DENIS LE CHARTREUX, *loc. cit.*). — *Secundo* Luc, en tant qu'auteur des *Actes des apôtres*, selon Alcazar, *Vestigatio arcani sensus in Apocalypsi* (Lyon 1618) 56, 61, 303-304, pour une fois très diffus, voire confus. — *Tertio* Jean lui-même, en dialogue intérieur avec son double céleste, selon BRUNO D'ASTI vers 1100

grand nombre, d'une figure indéterminée représentant le chœur des prophètes qui ont annoncé la venue du Messie[26].

(*PL* 165, col. 630), suivi par JOACHIM DE FLORE en 1195, *Expositio super Apocalypsim* (1527) I 110v°, et par le réformateur F. LAMBERT, *Exegeseos in Apocalysim libri VII* (Marburg 1528) 107v°-108r°; C. A LAPIDE en plaisante (*loc. cit.*): et pourquoi pas, dit-il, Jacques frère de Jean, voire Paul ?

[26] PRIMASE D'HADRUMETE vers 550 (*PL* 168, col. 231): « Unus ex senioribus, totum corpus prophetarum agnoscimus, quorum certis Ecclesia consolabatur oraculis ». AMBROISE ANSBERT vers 770 (Cologne 1536) 124: « Quid itaque in uno seniore, nisi ordinem intelligimus prophetarum, quorum certis ecclesia consolabatur oraculis, Christum de tribu Juda, mundum suo sanguine redempturum, mortem mortisque principem sua morte superaturum ? » ALCUIN vers 800 (*PL* 100, col. 1121): « Per unum seniorem ordo intelligitur prophetarum, quorum oraculis consolabalur Ecclesia ». Trois auteurs du IXe siècle : RABAN MAUR, *Expositio in Apocalypsim* (BnF, ms. latin 18.109) 67 r°: « Hunc seniorem quemlibet patrem Veteris Testamenti debemus accipere qui adventum filii Dei pronuncians ceteris consolacionem prebebat, quorum unum dicebat : *Non auferetur sceptrum de Juda* etc. »; HAYMON D'HALBERTSTADT (*PL* 117, col. 1017-1108) :« Per hunc seniorem quemlibet patrem Veteris Testamenti debemus accipere, qui adventum Filii Dei praenuntians, ceteris consolationem praebebat »; BERENGAUD DE FERRIERES, *Expositio super Apocalypsin* (Paris 1554) 29: « Senior autem, prophetas designat qui dixerunt quomodo et quo tempore venturus esset »; ANSELME DE LAON vers 1100 (*PL* 162, col. 1520C): « Quilibet propheta, qui Christi adventum annuntiando consolatur caeteros. » RICHARD DE SAINT-VICTOR vers 1160 (*PL* 196, col. 756B): « Senior iste chorum significat prophetarum antiquos patres de futuro redemptore consolantium et certificantium »; MARTIN DE LEON vers 1200 (*PL* 209, col. 330): « Quilibet videlicet propheta, qui Christi adventum annuntiando aliis, consolatur »; HUGUES DE SAINT-CHER vers 1250, *Tomus VII* (Lyon 1645) 383: « Seniores sunt Prophetae omnes, qui *unus* dicuntur propter fidei unitatem, et quia concorditer de adventu Domini praedixerunt. » ALBERT LE GRAND vers 1260, *Opera omnia*, vol. 38 (Paris 1890) 563): « Quilibet sanctus Veteris Testamenti, vel coetus prophetarum, qui dicitur unus propter unitatem fidei, prophetiae, rei, et spiritus quo loquebantur. » BERNARDIN DE SIENNE au XVe siècle, *In Apocalypsim* (Venise 1745) 35: « Unus de senioribus (…) id est prophetarum coetus ». Et encore après eux CLAUDE DE MONTMARTRE, *Enarrationes in Apocalypsin* (Paris 1549) 83: « Vox siquidem istius, vox

Parmi les auteurs modernes relativement rares qui ont pensé pouvoir l'identifier, les uns ont proposé le dernier d'entre eux, Jean le Baptiste[27], qui déjà de son vivant avait annoncé et montré l'Agneau, de la main et de la voix[28] ; les autres, spécialement parmi les premiers protestants, ont fait remarquer que l'Ancien commence par désigner le Messie sous le titre de *Lion de Juda* (*Apoc.* 5, 5a) : on serait donc en présence de Jacob, père des douze patriarches, auteur de la prophétie selon laquelle son fils *Juda est un lion* (*Gen.* 49, 9)[29]. En 1602, Balthasar Richter, qui n'y croit guère, fait remarquer, qu'à ce titre, on pourrait aussi bien songer au prophète Isaïe, puisqu'aussi bien notre Ancien qualifie aussi le Messie de *rejeton de David* (*Apoc.* 5. 5b), allusion non

---

est omnium prophetarum » et GASPARD DE MELO, *Commentaria in Apocalypsin* (Valladolid 1639) 244.

[27] Conjecture citée par B. RICHTER, *Offenbarung* (Leipzig 1602) 249, LE BUY DE LA PERIE en 1651 (*loc. cit.*) et GILL en 1776 (*loc. cit.*)

[28] *Évangile de Jean* 1, 29, d'autant que la tradition dominante donne à cet évangile le même auteur qu'à l'*Apocalypse*.

[29] Ainsi par exemple S. MEYER, *In Apocalypsim* (Zurich 1539) 18v°: « Recte hunc intellexerimus patriarcham Iacob »; J. BALE vers 1545, *Image of both Churches* (London 1570) 306: « And as I was thus mourning, one of the elders, even Jacob by name, comforted me with his prophecy of Juda. »; H. BULLINGER, *In Apocalypsim* (Bâle 1559) 73: « Nomen ejus non editur, unde et temerè et curiosè requiri videtur. Sunt tamen ex interpretibus qui existimant, fuisse Jacobum patriarcham : nimirum quòd ipsius mox citatur oraculum, aut vaticinium. » D. CHYTRÄUS, *Explicatio Apocalypsis* (Wittenberg 1564) 117; M. HOENEGG, *Comment. in Apoc.* (Leipzig 1671) 158: « nonnulli verò probabiliùs Jacobum Patriarcham fuisse opinantur » ; et encore J.A. BENGEL en 1742, *Gnomon Novi Testamenti* (3a editio ; London 1855) 1047 : « Videtur esse patriarcha Jacobus. » C'est même une certitude pour C.T. RUSSELL, père putatif des Témoins de Jéhovah, *The Finished Mystery* (Brooklin 1917) 99, qui y voit la preuve que les 24 Anciens sont des prophètes (p. 76), dont il n'hésite pas à reconstituer une liste précise et motivée, d'Hénoch à Jean-Baptiste (pp. 82-95). On a aussi pensé à Moïse lui-même en tant qu'auteur présumé de la dite *Genèse* (conjecture citée en 1776 par J. GILL, *loc. cit.*).

moins évidente à *Isaïe* 11, 1[30]. Or cette dernière hypothèse, qu'il suggère en passant sans y croire lui-même, et qui avait déjà été aventurée en 1563, sans plus de conviction, par Petrus Becker, dit Artopeus[31], nous paraît beaucoup plus solide que toute autre, en raison notamment du contexte que nous allons maintenant examiner plus précisément, du point de vue de la suite des idées et des réminiscences textuelles qui la structurent.

1° L'Ancien console d'abord Jean en lui disant (5, 5) : *Ne pleure pas (Μὴ κλαῖε)*. Or Isaïe (25, 8) est bien le seul des prophètes de l'Écriture à annoncer la fin des pleurs : *Et le seigneur Dieu enlèvera (Septante : ἀφεῖλεν) toute larme (δάκρυον) de tout visage*. Remarquons au passage que la réminiscence est plus sensible si on remonte à l'hébreu, où « larme » se dit דמעה, *dimah*, et « pleurer », דמע, *dama*, tandis que dans le grec des Septante, comme en français, les mots « pleurer » et « larme » ne sont pas construits sur la même racine. Précisément, et cela peut difficilement être une coïncidence, l'*Apocalypse* cite ensuite deux fois ce même verset d'*Isaïe* directement d'après l'hébreu, de mémoire, et sans passer par la version grecque traditionnelle dite des Septante. Jean écrit d'abord, à l'occasion de l'ouverture du sixième sceau (7, 17) : *Et Dieu effacera (ἐξαλείψει) toute larme de leurs yeux*. Vers la fin de son ouvrage (21, 4) il reprend cette citation en la développant davantage et en

---

[30] *Op. cit.*, p. 249 : « Weil aber dieser Elteste sich auch auff den Propheten Esaiam lehnere, und aus demselögen erwas einführet, so kimdre man eben auch also schliessen, Es müsste der Prophet Esaias gewesen seyn. »

[31] *Apocalypsis* (Bâle 1563) 49 : « *Unus de Senioribus* : Iessaia, aut quisque prophetarum, expertus revelationes à Christo aut doctrina prophetarum », hypothèse d'autant plus curieuse sous sa plume qu'il identifie par ailleurs les 24 Anciens aux 12 patriarches réunis aux 12 Apôtres (p. 40). L'hypothèse est aussi mentionnée par LE BUY DE LA PERIE en 1651 (*loc. cit.*)

interprétant son texte d'une façon exactement contraire à celle des Septante : *Et Dieu effacera (ἐξαλείψει) toute larme de leurs yeux, et la mort n'existera plus*[32].

2° L'Ancien annonce ensuite à Jean quel héros va pouvoir dénouer la crise, et, pour ce faire, le renvoie simultanément à deux passages de l'Écriture associés, comme presque toujours dans l'*Apocalypse*, le premier tiré de la Torah (*parasha*), et le second des Prophètes (*haftara*)[33]. Les deux textes en question sont d'une part *Genèse* 49, 9-10 (prophétie de Jacob sur son fils Juda), et d'autre part *Isaïe* 11, 1-10 (prophétie d'Isaïe sur le rejeton de Jessé, ce dernier père de David). Le lien entre ces deux prophéties messianiques peut être considéré comme targumique : c'est en effet l'interprétation usuelle du texte, déjà attestée à Qumrân sous la même forme imbriquée[34]. Ces deux sections de l'écriture ont de fait quatre points communs : le thème du lion (*Gen.* 49, 9 ; *Is.* 11, 6-7), celui du rameau (*Gen.* 49, 10a ; *Is.* 11, 6-7), celui de la soumission des peuples (*Gen.* 49, 10b ; *Is.* 11, 10),

---

[32] Il comprend *Is.* 25, 8 non pas comme la Septante (κατέπιεν ὁ θάνατος ἰσχύσας, « la mort a englouti, elle a été la plus forte »), mais comme Paul (*1 Corinthiens* 15, 54 : τότε γενήσεται ὁ λόγος ὁ γεγραμμένος Κατεπόθη ὁ θάνατος εἰς νῖκος : « alors s'est réalisé la parole de l'Écriture : La mort a été engloutie dans la victoire ») et après eux Jérôme : *Præcipitabit mortem in sempiternum ; et auferet Dominus Deus lacrimam ab omni facie*, ou encore la BJ : « il a fait disparaître la mort à jamais. »

[33] C'est ce qu'a bien vu ici W. COWPER, "Pathmos", in *Workes* (London 1623) 856: « The Elder who describes him, speaketh of Christ out of Moyses and the Prophets. » P. FORBES ajoute judicieusement, *Commentarius* (Amsterdam 1646) 23: « Habent Moysen et Prophetas, inquit Abraham in parabola. », allusion à *Luc* 16, 31 : « S'ils n'écoutent pas Moïse et les prophètes, quelqu'un pourra bien ressusciter d'entre les morts, ils ne seront pas convaincus. »

[34] 4Q 252 (Commentaire de la *Genèse*), colonne 5, où les mots de *Genèse* 49, 10, « jusqu'à ce que vienne le Messager (*shiloh*) » sont remplacés par « jusqu'à ce que vienne le Messie de Justice, le Rejeton de David », même allusion simplifiée au « Rejeton de Jessé » d'*Isaïe* 11, 1. Voyez aussi plus loin notre interprétation du quatrième sceau.

et bien sûr une application traditionnelle au Messie attendu par le judaïsme. Par là, cet Ancien indique au voyant que la clé de ce qu'il va voir se trouve dans le livre de la *Genèse*, pour autant qu'on le lise à la lumière de celui d'*Isaïe*.

3° L'Ancien précise ensuite à Jean implicitement que s'il doit cesser de pleurer, c'est parce que le *livre scellé* va enfin être ouvert. Nous avons dit que ce livre mystérieux était mentionné par le prophète *Daniel* (12, 4 et 9) comme ne devant être ouvert qu'au temps de la Fin. Mais deux autres prophètes le mentionnent aussi. C'est d'abord *Ézéchiel* (2, 9) auquel Jean emprunte ce trait, que le dit volume est *écrit recto et verso* (*Apoc.* 5, 1). Mais c'est surtout *Isaïe* lui-même (29, 10-11) qui développe et exploite plus encore que Daniel la notion de *livre scellé*, en la dramatisant de la même façon que Jean : *Dieu a répandu sur vous un esprit de torpeur, il a fermé vos yeux (les prophètes), il a voilé vos têtes (les voyants), et toutes les visions sont devenues pour vous comme les mots d'un livre scellé que l'on remet à quelqu'un qui sait lire en disant : Lis donc cela. » Mais il répond : « Je ne puis, car il est scellé. »* Voilà très exactement décrit par Isaïe le drame de son confrère et successeur Jean, et la raison pour laquelle il a éclaté en pleurs. La mise en scène de la vision de Jean a pour arrière-plan très précis l'apologue isaïen du prophète en difficulté devant un livre scellé.

4° L'Ancien s'exprime par ailleurs d'une façon doublement et violemment paradoxale, puisqu'il annonce à Jean un *lion* carnassier (*Gen.* 49, 9), qu'il identifie simultanément à un *rameau* végétal (*Is.* 11, 1-10), et qui surtout va se révéler être en réalité, sans transition aucune, l'*agneau égorgé* d'*Isaïe* 53, 7. Quelle est la logique de tout ceci ? C'est qu'il s'agit d'une nouvelle haftara, *Is.* 53, 1-12, parallèle à la première, *Is.* 11, 1-10. Toutes les deux commencent en effet par une prophétie du *rejeton* sorti d'une *racine*.

Gen. 49, 9: *Le rameau (שבט, shebet) ne s'éloignera pas de Juda*[35]

Is. 11, 1 : *Et il sortira un rameau (חטר, hoter) hors de la souche (גזע, geza) de Jessé et un surgeon (נצר, netser) hors des racines (שרשיו, shoresh, ῥίζης) se lèvera.* (…) 4. *Et il frappera la terre avec le rameau (שבט, shebet) de sa bouche.* (…) 10. *Et il y aura en ce jour-là un rameau (שבט, shebet) de Jessé qui se dressera comme un étendard pour le peuple.*

Is. 53, 1-2 : *Seigneur, qui croira notre ouï-dire ? et à qui le bras du Seigneur a-t-il été révélé (ἀπεκαλύφθη) ? Il poussera devant lui comme un rejeton (יונק, yoneq), comme une racine (שרש, shoresh, ῥίζα) hors d'un sol sec.*

Remarquons au passage que la deuxième de ces haftarot (qui est le centre névralgique de l'*Apocalypse de Jean*, et plus généralement de toute la révélation chrétienne) se présente d'elle-même comme l'énoncé d'une *révélation* paradoxale, voire difficile à croire, ce qui correspond à la mise en scène non moins paradoxale d'une vision de lion carnassier, figure du Messie royal, qui se transforme sans transition en agneau égorgé, figure du Messie crucifié :

Apoc. 5, 6a : *Et je vis au milieu du trône et des quatre vivants, et au milieu des anciens, un agneau (ἀρνίον) debout (ἑστηκὸς) comme (ὡς) égorgé (ἐσφαγμένον). Is.* 53, 7 : *Il a été maltraité et injurié et il n'a pas ouvert la bouche, comme (כ, ὡς) un mouton (שה, πρόβατον) à l'égorgement (טבח, σφαγὴν), comme (כ, ὡς) une brebis (רחל, mais en grec ἀμνὸς, « agneau ») devant son tondeur, muet, il n'a pas ouvert sa bouche.*

Tout le raisonnement qui nous fait passer du Lion à l'Agneau, en passant par le Rameau jailli d'une souche, est donc construit sur une série d'accrochages verbaux d'abord

---

[35] C'est l'une des traductions possibles : « Le שבט (*shebet*, bâton,-tige,-rameau / tribu / sceptre, commandant, chef) ne s'éloignera pas de Juda ». A. CHOURAQUI traduit précisément : « le rameau ».

entre *Gen.* 49, 9 (Lion et Rameau) et *Is.* 11 (Lion et Rameau), puis entre *Is.* 11 (Rameau) et *Is.* 53 (Rameau et Agneau). On voit ici que Jean file ici un collier de haftarot, vraisemblablement déjà connu des communautés auxquelles il s'adresse, autour de *Genèse* 49, 10b, « Le שבט (*shebet*) ne s'éloignera pas de Juda » où on prend le mot *shebet* au sens de « rameau », et comme synonyme d'autres termes hébraïques évoquant l'idée de pousse végétale, et traditionnellement interprétés en un sens messianique, comme *netzer*, que de nombreux auteurs ont soupçonné d'être à l'origine de la première désignation des chrétiens, alias *nazoréens*[36].

5° La suite de la vision de Jean continue de tisser les deux haftarot d'Isaïe 11 et 53, puisqu'elle se poursuit (*Apoc.* 5, 6b) en revenant abruptement de *Is.* 53, 7 à *Is.* 11, 2-3a.

Is. 11, 2 : *Et reposera sur lui un souffle (רוח, πνεῦμα) de Dieu (יהוה, τοῦ θεοῦ) [1], souffle de sagesse [2] et d'intelligence [3], souffle de conseil [4] et de force [5], souffle de connaissance [6] et de crainte de Dieu [7].*

Apoc. 5, 6b : *ayant sept cornes et sept yeux (ὀφθαλμοὺς ἑπτά) qui sont les souffles (πνεύματα) de Dieu (τοῦ θεοῦ) envoyés sur toute la terre (γῆν).*

On remarquera que la première haftara d'Isaïe est tissée ici elle-même avec une troisième haftara secondaire tirée cette fois du prophète *Zacharie*, chapitre 3, où apparaît encore le thème de la *pousse végétale*, et figurant elle aussi l'abaissement du Messie, cette fois en la personne du grand-sacrificateur Josué/Jésus, vêtu de vêtements immondes et réclamé par Satan, avant d'être glorifié.

---

[36] JEROME, *In Isaiam* 11, 1, citant en ce sens les maîtres juifs qu'il a consultés ; ÉPIPHANE, *Panarion* 29, 5, 4, selon qui les *notzrim* étaient appelés en grec « jesséens » (membres de la tige de Jessé) ; B. DUPUY, "Aux origines du judéo-christianisme: 'Nazoréen', le signifiant occulté", *Pardès* 30/1 (2001) 41-59.

Zach. 3, 8b-9a : *Oui, me voici, je fais venir mon serviteur Pousse (*צמח*, tsemach, ἀνατολή), oui, voici la pierre que j'ai posée devant Josué / Jésus (*יהושע*, Ἰησοῦ). Sur la pierre unique, sept yeux (*שבעה עינים*, ἑπτὰ ὀφθαλμοί) (...) et j'enlèverai l'iniquité de cette terre (*ארץ*, γῆς) en un jour.* Cependant, abstraction faite de ce détail des *sept yeux* empruntés au passage à *Zacharie*, le fil du raisonnement scripturaire continue de reposer sur les deux haftarot principales d'Isaïe, comme la suite va nous le montrer.

Notons pour l'instant que le contexte appuie déjà fortement notre hypothèse de travail, selon laquelle le guide céleste de Jean n'est autre que le prophète Isaïe, dont la prophétie alimente et conduit jusqu'à présent celle de Jean. Passons maintenant à la section des quatre chevauchées, sans nous attarder sur chaque détail de ces événements mystiques, pour en saisir d'abord la logique principale.

Origine et traitement de la série des quatre chevauchées

À chaque fois que l'Agneau ouvre un sceau (du moins pour les quatre premiers), est convoqué et surgit un cavalier monté sur un cheval de couleur différente. Nous retiendrons ici pour commencer seulement que le premier cheval est *blanc (λευκός)*, le second *rouge (πυρρός)*, le troisième *noir (μέλας)*, et le quatrième *verdâtre (χλωρός)*.

Tout le monde voit bien et reconnaît que Jean s'inspire ici de deux sections parallèles du livre de *Zacharie*, en ses chapitres 1 et 6, mais nous attirons l'attention sur deux particularités jusqu'à ce jour inexpliquées : l'ordre de ces couleurs est totalement modifié, ainsi que la nature de la quatrième d'entre elles.

Au premier chapitre (1, 8) le prophète Zacharie voit d'abord un homme monté sur un cheval *rouge (*אדם*, πυρρόν, rufum)*, puis derrière lui trois séries de chevaux sans cavaliers, les uns *rouges (אדמים, πυρροί, rufi)*, les autres *tachetés (שרקים, ψαροί, varii)*, et les derniers *blancs (לבנים, λευκοί, albi)*.

Au chapitre 6 il voit quatre chars auxquels sont attelés : au premier des chevaux *rouges (אדמים, πυρροί, rufi)*, au second des *noirs (שחרים, μέλανες, nigri)*, au troisième des chevaux *blancs (לבנים, λευκοί, albi)* et au quatrième des chevaux *tachetés (ברדים [grelé], ποικίλοι, varii)*. Aucune mention cette fois-ci d'aucun cavalier ni aurige.

Comme on le voit, Jean combine librement ces deux passages de *Zacharie* en s'inspirant du *cavalier* du chapitre 1, et du *nombre* des quatre chars du chapitre 6. En revanche, malgré quelques tentatives[37], personne n'a pu expliquer à ce jour :

1° pourquoi tout d'abord il passe de la sorte et sans explication de l'agneau d'*Isaïe* aux chevaux de *Zacharie*, comme on passe du coq à l'âne ;

2° pourquoi par ailleurs il se permet de modifier totalement l'ordre des couleurs qu'il a trouvé dans cette source, et spécialement en donnant au blanc la première position et au rouge la deuxième ;

3° pourquoi enfin il remplace non moins audacieusement l'une des robes de ces chevaux, tachetée, par une improbable robe verdâtre[38]

---

[37] L. DEL ALCAZAR est l'un des rares exégètes à rechercher pourquoi Jean nous parle ici de quatre chevaux, « De necessitate quatuor equorum », *op. cit.*, pp. 319-322 : *Mysterium quatuor equorum capitis 6. non esse aliud, quam advenisse Deum ad salvandum suum populum..* Il propose élégamment d'interpréter ces quatre chevauchées comme des aspects de la vie chrétienne : *Apparent enim in quatuor equis Fides, Audacia, Egestas, Mors, salutem Christianis asserentes : propterea enim in equis apparent* (p. 58).

[38] Pour pallier cette difficulté, on a parfois proposé comprendre le grec χλωρός comme une indication de luminosité (*pâle*) plutôt que de couleur (*vert*), bien que ce mot caractérise ailleurs dans le Nouveau Testament seulement la végétation et spécialement l'herbe (*Apoc.* 8, 7 ; 9, 4 ; *Marc* 6, 39). Par ailleurs, d'autres ont proposé de donner à l'adjectif hébreu, שרק,

S'agit-il d'une simple fantaisie de sa part ? D'une sorte d'écriture automatique sous la libre dictée de l'Esprit Saint, qui serait en quelque sorte l'ancêtre littéraire du surréalisme[39] ? Évidemment non. Nous allons voir au contraire que Jean continue ici de méditer sur l'avènement du christianisme en se laissant guider par Isaïe dans la compréhension des Écritures.

La série chromatique *blanc, rouge, noir, verdâtre*

Comment en effet Jean pourrait-il comprendre les Écritures en se laissant guider par sa simple fantaisie ? Il faut au contraire supposer que s'il se permet de modifier les données du texte de *Zacharie*, c'est à la lumière d'autres textes de l'Écriture qu'il a pu en rapprocher d'après des critères objectifs, tels que sont notamment, en milieu rabbinique ou pré-rabbinique, les accrochages verbaux.

Dans les littératures méditerranéennes et moyen-orientales anciennes, on trouve plus souvent des notations de luminosité que de couleur à proprement parler. La Bible n'y fait guère exception, et très rares y sont les textes où l'on trouve notées des séries de trois ou quatre couleurs. En fait, nous n'en avons trouvé que trois.

Voyons d'abord quelles sont ces quatre couleurs. Les trois premières sont d'une identification facile puisqu'elles sont reprises au texte hébraïque de *Zacharie*.

Le *blanc*, grec λευκός, correspond d'après *Zacharie* à l'hébreu לבן, *laban*, terme qui n'apparaît que 29 fois, dans 5

« tacheté », le sens très hypothétique de « oseille », pourtant plutôt problématique, s'agissant d'un cheval dans le texte source de *Zacharie*.
[39] D. BARSOTTI, *L'Apocalypse* (Paris 1974) 123 : « L'Apocalypse est un genre littéraire à part : seul le surréalisme d'aujourd'hui pourrait nous dire quelque chose sur la formation de ce livre. »

livres distincts des Écritures : *Genèse* (30, 35. 37 *bis* ; 49, 12) ; *Exode* (16, 31), *Lévitique* (13, 3. 4 *bis*. 10 *bis*. 13. 16. 17. 19 *bis*. 20. 21. 24 *bis*. 26. 26. 38. 39. 42. 43), *Qohélet* (9, 8) et enfin *Zacharie* (1,8 ; 6, 3. 6). Mais il faut aussi remarquer un quasi-synonyme, צח, *tsach*, « blanc brillant » (latin *candidus*, opposé à *albus*), terme aussi rendu par le grec λευκός, qui n'apparaît que 4 fois en 3 livres : *Cantique des cantiques* (5, 10), *Isaïe* (18, 4 et 32, 4) et *Jérémie* (4, 11).

Le *rouge*, grec πυρρός, correspond à l'hébreu אדם, *adom*, qui n'est pas si fréquent, n'apparaissant que 9 fois, en 6 livres différents : *Genèse* (25, 30 bis), *Nombres* (19, 2), *2 Rois* (3, 22), *Cantique* (5, 10), *Isaïe* (63, 2) et *Zacharie* (1, 8 bis et 6, 2). Il peut aussi correspondre à l'hébreu אדמדם, *adamdam*, « rougeâtre » ou « rosâtre » qu'on ne trouve que dans le *Lévitique* (13, 19. 24. 42. 43. 49 et 14, 37) où il est rendu par des termes grecs dérivés de πυρρός, à savoir πυρρίζουσα, « rougissant » (13, 19. 42. 43. 49), ou ὑποπυρρίζον, « rougeâtre » (13, 24).

Le *noir*, grec μέλας, correspond à l'hébreu שחר, *shachor*. Ce mot est assez rare dans la Bible où n'apparaît que 6 fois, en 3 livres seulement : *Lévitique* (13, 31 et 37), *Cantique* (1, 5 et 5, 11) et *Zacharie* (6, 2 et 6).

Reste la couleur *verdâtre*, grec χλωρός, « vert pâle ». Á quel adjectif hébraïque correspond-il dans l'esprit de Jean ? Un seul paraît faire l'affaire. Ce n'est pas l'adjectif ירוק, *yarok*, « vert », qui d'ailleurs n'apparaît qu'au livre de *Job* (39, 8), mais plutôt son dérivé ירקרק, *yeraqraq*, « verdâtre » qu'on trouve seulement dans le *Lévitique* (13, 49 et 14, 37), rendu en grec par χλωρίζουσα, « verdissant », et au livre des *Psaumes* (68, 13) rendu en grec par ἐν χλωρότητι, « en verdeur ».

Ainsi donc, en dehors des passages où Zacharie distingue chevaux et chars selon la couleur de leurs robes, il n'existe que deux autres endroits des Écritures qui présentent une série chromatique analogue à celle qui fait l'objet de notre enquête : d'une part le chapitre 13 du livre du *Lévitique*, d'autre part un passage très précis du *Cantique des cantiques* (5, 10-12). Voyons cela plus en détail.

Relisons d'abord le chapitre 13 du *Lévitique*. On trouve dans ce passage l'exposé des principes qui doivent guider l'examen des lépreux par les sacrificateurs. Le critère principal en est l'observation des *teintes* de la peau et des poils. Dans ce cadre sont mentionnées successivement tout d'abord la couleur *blanche*, de très loin la plus fréquente, puisqu'elle est mentionnée plus de vingt fois et dès le verset 3. Vient ensuite la couleur *rougeâtre*, mentionnée cinq fois, à partir du verset 19. Puis la couleur *noire* (des poils), mentionnée deux fois, à partir du verset 31, et enfin la couleur *verdâtre*, mentionnée au verset 49. C'est très exactement l'ordre suivi par Jean dans l'*Apocalypse* : blanc, rouge, noir, verdâtre.

Venons-en maintenant au *Cantique des cantiques*, chapitre 5, versets 10 à 12. C'est un portrait par l'épouse de son bien-aimé, autre figure messianique : *Mon amant est blanc (צח, λευκὸς) et rouge (אדום, πυρρός), distingué entre dix mille. Sa tête est comme l'or pur, les boucles de ses cheveux qui pendent sont noires (שחרות, μέλανες) comme le corbeau. Ses yeux sont comme des colombes (יונים, περιστεραὶ) sur le bord des cours d'eau.*

On a remarqué que les cheveux du bien-aimé ont la *couleur des corbeaux*, c'est-à-dire qu'ils sont noirs, tandis que ses yeux ont *celle des colombes*, sans que le texte précise ce qu'est la couleur de ces oiseaux. C'est ici qu'il faut avoir l'esprit rabbinique et demander aux seules Écritures quelle est la couleur des colombes. Or, pour tout juif pieux, qui connaît par cœur les *Psaumes*, la réponse ne fait pas de doute, puisque le *Psaume* 68, au verset 13, est explicite à cet égard : *Les ailes de la colombe (יונה, περιστερᾶς) sont couvertes d'argent, et son plumage est d'un verdâtre (בירקרק, be-raqraq, ἐν χλωρότητι) doré.*

Donc les yeux de notre bien-aimé tirent sur le vert, et nous retrouvons ici, d'une manière très surprenante, exactement la même série chromatique par laquelle Jean a remplacé celle des chevaux et chars de *Zacharie* : blanc, rouge, noir, verdâtre.

« Et nous, nous le considérions comme un lépreux »

Á quoi tout cela nous mène-t-il ? Ce n'est pas si compliqué qu'il y paraît, une fois que l'on s'est accoutumé à la manière dont Jean médite les Écritures. Il faut seulement ne pas perdre de vue qu'il est toujours guidé par l'Ancien qui s'est adressé à lui, c'est-à-dire par le prophète Isaïe. Nous avons laissé le *livre d'Isaïe* au chapitre 53 de l'Agneau immolé, épicentre de la méditation chrétienne des Écritures. Reprenons-en le fil.

Is. 53, 1-5 : *Seigneur, qui croira notre ouï-dire ? et à qui le bras du Seigneur a-t-il été révélé (ἀπεκαλύφθη) ? Il a poussé devant lui comme un rejeton, comme une racine hors d'un sol sec. Il n'avait ni aspect, ni prestance tels que nous le remarquions, ni apparence telle que nous le recherchions, objet de mépris, abandonné des hommes, homme de douleur, familier de la souffrance, comme quelqu'un devant qui on se voile la face, méprisé, nous n'en faisions aucun cas. En fait, ce sont nos souffrances qu'il a portées, ce sont nos peines qu'il a endurées. Et nous, nous le considérions comme touché (נגוע, nagoua), frappé par Dieu et humilié. Mais lui, il a été transpercé à cause de nos crimes, écrasé à cause de nos fautes. Le châtiment qui nous rend la paix est sur lui, et dans ses blessures nous trouvons la guérison.*

Le point le plus important de cette haftara, pour ce qui nous occupe, ce sont ces mots précis (53, 4) : *Et nous, nous l'estimions* נגוע, *nagoua*, littéralement « touché », « infecté ». Dans la mentalité sémitique archaïque, cela signifie clairement : touché, par suite d'une faute religieuse, par une infection qui rend impur, à savoir la lèpre, et qui, une fois diagnostiquée, entraîne l'excommunication. La notion de « lèpre » dans l'Antiquité n'était pas aussi précise qu'elle ne l'est pour nous depuis la découverte du bacille de Hansen en 1872 : il ne s'agissait que d'une sorte d'infection cutanée plus grave que d'autres. Et surtout, on n'envisageait pas la chose alors, en milieu juif, comme une réalité physiologique relevant d'une expertise médicale : mais comme un état d'impureté religieuse, dont le diagnostic et le traitement social revenait à la caste des sacrificateurs[40].

La version grecque traditionnelle dite des Septante ne l'a pas compris ainsi et a porté plus vaguement ἐν πόνῳ, « en peine, en souffrance ». Mais elle a été corrigée sur ce point par quatre autres traducteurs antiques. Aquila a traduit ἀφημένον, « infecté », Symmaque ἐν ἀφῇ ὄντα, « en infection ». Il est à noter que pour Jérôme[41] ces deux versions grecques-ci sont à comprendre en latin *leprosum*, « lépreux ». Théodotion a porté de son côté μεμαστιγωμένον, « frappé d'un fléau ». Jérôme traduit lui-même dans la Vulgate *quasi leprosum*, « comme un lépreux » et il propose incidemment encore une autre traduction dans son *Commentaire d'Isaïe*, à savoir : *immundum*, « impur, infect », ce qui montre à quel

---

[40] G. BROWNE, "Leprosy in the Bible", in B. PALMER, *Medicine and the Bible* (Exeter 1986) 101-125. Sur l'attitude très spécifique de Jésus en la matière, K. BERTHELOT, "La place des infirmes et des 'lépreux' dans les textes de Qumrân et les Évangiles" *RB* 113 (2006) 211-241.

[41] *In Isaiam*, ad. loc. : *Et nos putavimus eum esse immundum*, pro quo Aquila et Symmachus posuerunt *leprosum*, Theodotio, *flagellatum*, quod aliis verbis Hebraico idiomate *lepra* intelligitur.

point il considère lui-même la « lèpre » avant tout une réalité socioreligieuse.

Le mot נגוע, *nagoua* est un dérivé de נגע, *nega*, grec des Septante ἀφῇ, « coup, plaie, fléau ». Ce dernier mot נגע, *nega*, apparaît 78 fois dans la Bible hébraïque, dont 61 fois au seul chapitre du *Lévitique* qui traite de la lèpre, et dont nous venons de parler parce que nous y avons aussi trouvé les couleurs de nos quatre chevaux.

Enfin, au livre d'Isaïe, nous ne le trouvons qu'une fois, au même chapitre que nous étudions, toujours au sujet du Messie souffrant, 53, 8b : *Oui, il a été retranché de la terre des vivants, à cause de la révolte de son peuple, le « coup » (נגע, nega) est sur lui*. Jérôme porte ici : *plaga ei*, « la plaie (est) pour lui ».

Il n'y a donc rien d'arbitraire donc à lire dans cette haftara d'Isaïe 53 *la prophétie d'un Messie traité comme un lépreux*, interprétation au contraire nettement attestée dans le judaïsme ancien, malgré la censure postérieure qui a tendu à effacer progressivement[42] toute interprétation messianique de ce chapitre, en raison de l'usage massif qu'en faisaient les judéo-chrétiens, excommuniés des synagogues pharisiennes à la fin du premier siècle.

1° C'est bien ainsi qu'Aquila, juif non chrétien, comprenait encore le texte au début du second siècle : il le traduisait ἀφημένον, « infecté », terme grec que Jérôme rend décidément en latin par *leprosum*, « lépreux ».

2° Au traité *Sanhédrin* du Talmud de Babylone on a encore une trace indirecte mais indubitable d'une application au

---

[42] Le *Targum du pseudo-Jonathan*, au second siècle, applique encore au Messie l'essentiel d'*Isaïe* 52-53, sauf tous les passages exprimant une humiliation, qui sont rapportés, non sans contorsions, tantôt au peuple juif lui-même et tantôt à ses adversaires. Ceci dit, ce chapitre d'*Isaïe* ne paraît pas avoir été beaucoup exploité avant l'ère chrétienne, au témoignage de l'ensemble des Manuscrits de la Mer morte conservés, qui ne s'y réfèrent à aucun moment.

Messie de ce même passage d'*Isaïe* 53, 3-4, effectivement compris comme parlant de lèpre[43].

3° Impossible également sans cela d'expliquer l'existence dans le même Talmud d'une légende dans laquelle on voit un rabbin du IIIe siècle, sur les indications du prophète Élie, rechercher le Messie parmi des *lépreux* qui sont aux portes de Rome[44].

Le thème narratif de la mauvaise interprétation

Seulement il faut bien voir que ce texte d'*Isaïe* annonce, non pas un lépreux à proprement parler, mais quelqu'un qui sera à tort considéré comme tel : *Et nous nous le considérions (חשב, ἐλογισάμεθα) lépreux.*

La même erreur d'appréciation est exprimé un peu plus loin sans figure (Is. 53, 7) : *son âme a été livrée (παρεδόθη) à la mort (εἰς θάνατον) et il a été compté (ἐλογίσθη) parmi les délinquants (ἐν τοῖς ἀνόμοις)*. Ce dernier verset est cité par *l'Évangile de Marc* (15, 28) pour expliquer la crucifixion de

---

[43] Talmud, traité *Sanhédrin*, 98b : *Á propos du Messie, la Guémara demande : Quel est son nom ? 1° L'école de rabbi Shila dit : « Shiloh est son nom », selon [Genèse 49, 10] : « Jusqu'à ce que vienne Shiloh » ; 2° L'école de rabbi Yannaï dit : « Yinon est son nom » selon [Psaume 72, 17] ; 3° L'école de rabbi Hanina dit « Hanina est son nom » selon [Jérémie 16, 13] ; 4° Quelques-uns disent : « Menahem ben Hiskiyya est son nom » selon [Lamentations 1, 16] ; 5° et les rabbis disent : « le lépreux de la maison de Rabbi est son nom » selon [Isaïe 53, 3-4] : « En fait c'est nos maladies qu'il portait et nos peines qu'il endurait, alors que nous, nous l'estimions נגוע, nagoua, frappé par Dieu et humilié ».* Le dit « lépreux de la maison de rabbi » est un personnage connu du Talmud, et disciple de Rabbi, c'est-à-dire de Juda le Prince, disciple qui avait été frappé de lèpre pour avoir imprudemment diffusé des enseignements sur le Char d'Ézéchiel. Mais cette tradition précise (si humoristique paraisse-t-elle), ne s'explique que par une application habituelle d'*Isaïe* 53 au Messie lui-même, et à un Messie lépreux.

[44] Traité *Sanhédrin*, 98a, trad. d'A. ELKAÏM-SARTRE, *Aggadoth du Talmud de Babylone* (Paris 1982) 1110-1111.

Jésus entre deux brigands. L'*Évangile de Luc* (22, 37) met plutôt cette citation dans la bouche même de Jésus pour annoncer sa passion prochaine et tout d'abord son arrestation par la police du Temple.

Or, si l'on s'en rapporte à la Torah, l'erreur qui fera considérer le Messie comme un lépreux sera nécessairement commise par un *sacrificateur (כהן ,cohen, ἱερεὺς, hiéreus)*, seul habilité par le chapitre 13 du *Lévitique* à déterminer qui est lépreux, ou ne l'est pas, ou ne l'est plus. C'est d'ailleurs Jésus lui-même qui rappelle ce principe lorsqu'il enjoint à un lépreux qu'il a guéri d'aller tout de suite faire officialiser sa guérison par des sacrificateurs (*Luc* 5, 15) : *Va-t'en te montrer au sacrificateur (τῷ ἱερεῖ).*

Isaïe avait d'ailleurs lui-même prophétisé, des plus clairement, que le livre céleste et scellé qui désespère les prophètes et les voyants eux-mêmes (*Is.* 29, 10-11) serait ouvert en premier lieu, non pas à des spécialistes, mais de façon paradoxale à ceux qui y étaient inaptes : « *En ce jour-là les sourds entendront les paroles du livre, et délivrés de l'ombre et des ténèbres, les aveugles verront. Les malheureux trouveront toujours plus de joie dans le Seigneur, les plus pauvres des hommes exulteront à cause du Saint d'Israël.* » (*Is.* 29, 18-19). À quoi fait écho Jésus lui-même : « *Réjouissez-vous de ce que vos noms se trouvent inscrits dans les cieux* ». *Au même moment, il tressaillit de joie sous l'action de l'Esprit Saint et il dit : « Je te bénis, Père, Seigneur du ciel et de la terre, parce que tu as caché (ἀπέκρυψας) cela aux sages et aux intelligents, et que que tu l'as révélé (ἀπεκάλυψας) aux tout-petits ». (...) « Car je vous le dis : Beaucoup de prophètes et de rois ont voulu voir ce que vous voyez et ne l'ont pas vu, entendre ce que vous entendez, et ne l'ont pas entendu ». (Luc 10, 21-23)*[45].

Ce n'est donc pas par hasard que, dans le même *Évangile* (24, 20-21), lorsque Jésus se manifeste *incognito* sur la route d'Emmaüs à deux disciples désorientés par le drame de sa passion, et par l'incertitude qui règne encore sur sa résurrection, ceux-ci lui rapportent d'abord le point de vue et la réaction des experts supposés qui n'ont pas su identifier le Messie. Ils l'ont au contraire *livré à la mort*, comme l'avait prédit Isaïe : *Les sacrificateurs-en-chef (ἀρχ-ιερεῖς) et nos chefs l'ont livré (παρέδωκαν) en vue de la peine de mort (εἰς κρίμα θανάτου) et ils l'ont fait crucifier. Nous, nous espérions que c'était lui qui allait délivrer Israël.* Alors Jésus leur fournit la bonne explication de tout cela, qui était annoncé par les Écritures, à commencer, très probablement par *Isaïe* 53.

Cette référence à *Isaïe* 53, 7, combiné avec le thème de l'expertise déficiente des sacrificateurs, est déjà sous-jacente dans la prédiction que Jésus fait de sa propre passion en Marc 10, 33 : *Le fils de l'homme sera livré (παραδοθήσεται) par les grands-sacrificateurs (τοῖς ἀρχιερεῦσιν) et par les scribes, et ils le condamneront à mort (θανάτῳ) et ils le livreront (παραδώσουσιν) aux non-juifs.*

Le thème narratif de l'interprète secourable

La section de l'*Apocalypse* que nous étudions raconte en fait exactement la même histoire que l'épisode dit des pèlerins d'Emmaüs, dans l'*Évangile de Luc*, quoique de façon plus schématique, plus stylisée, comme le font les contes de fées.

---

[45] Ou *Matth.* 11, 25. Cf. *Jean* 7, 47-49 : *Les Pharisiens répliquèrent : Vous aussi, vous êtes-vous laissé égarer ? Est-il un des notables qui ait cru en lui ? Mais cette foule qui ne connaît pas la Loi, ce sont des maudits !*

Dans l'*Apocalypse* en effet, Jean se met à pleurer, comme Cendrillon, dans le conte du même nom[46] : « *Elle se mit à pleurer. Sa Maraine, qui la vit toute en pleurs, luy demanda ce qu'elle avoit : Je voudrois bien… Je voudrois bien… elle pleuroit si fort qu'elle ne put achever : sa Maraine, qui estoit Fée, luy dit, tu voudrois bien aller au Bal, n'est-ce pas : Helas ! ouy, dit Cendrillon en soûpirant.* »

Quel est l'enjeu commun ? N'est-ce pas de trouver un époux ? Ces deux récits ne se terminent-il pas de la même manière ? Il s'agit d'histoires d'amour. *Cendrillon* : « *On la mena chez le jeune Prince, parée comme elle estoit : il la trouva encore plus belle que jamais, & peu de jours aprés il l'épousa.* » *Apocalypse* 21, 2 : *Et je vis la cité sainte, la nouvelle Jérusalem, descendant du ciel d'auprès de Dieu, parée comme une fiancée pour son époux.* »

Mais plus spécifiquement l'intervention de l'Ancien auprès de Jean désorienté a pour but de l'aider à comprendre les Écritures jusqu'alors « fermées », c'est-à-dire obscures. Du point de vue de la narration, il fait donc partie de cette catégorie d'intervenants experts qu'on peut appeler les *interprètes secourables*, à la manière de Joseph et de Daniel dans l'Ancien Testament, tous deux interprètes patentés de songes énigmatiques, ou encore à la façon de Jésus ressuscité et du diacre Philippe dans le Nouveau, interprètes pour leur part des Écritures en tant qu'elles sont accomplies par la vie terrestre du Messie.

Dans le récit de *Luc* (24, 17), moins schématique, plus littéraire, les deux pèlerins d'Emmaüs n'éclatent pas en sanglots, mais lorsque Jésus leur demande de quoi ils parlent en marchant, *ils s'arrêtent d'un air lugubre (σκυθρωποί)*, terme des plus rare et repris d'un passage de la *Genèse*, qui est le seul endroit de la Bible grecque où on le lise aussi. Quoi

---

[46] Charles PERRAULT, *Contes du temps passés* (Paris 1697) 125.

qu'il en soit, nos deux pèlerins racontent comment celui qu'ils espéraient être le Messie a été mis à mort, et comment des femmes prétendent, *trois jours plus tard*, avoir une *vision (ὅρασις)* d'anges.

Il y a là une allusion très claire à une aventure du patriarche Joseph en Égypte. Injustement emprisonné, il voit le rejoindre dans sa geôle deux eunuques de Pharaon, son panetier et son échanson. Il leur demande, ainsi que le traduit la version grecque traditionnelle (*Gen.* 40, 7) : « *Comment se fait-il que vos visages aient un air lugubre (σκυθρωπὰ) aujourd'hui ?* » C'est que chacun d'entre eux a eu une *vision (ὅρασις*, 40, 5) : « *Nous avons vu un rêve*, lui répondent-ils (40, 8), *et d'interprète (ὁ συγκρίνων), il n'y en a point* ». Alors Joseph interprète leurs songes : l'un va être libéré *dans trois jours*, et l'autre sera exécuté.

On voit à quel point l'épisode d'Emmaüs, où intervient le personnage de Jésus ressuscité comme interprète des Écritures, a été influencé dans sa rédaction par l'épisode de l'incarcération de Joseph en Égypte, prototype de celle de Jésus à Jérusalem[47]. D'autant que, dans les deux cas, il s'avère en définitive que les malheurs du héros n'ont fait qu'accomplir un dessein caché de Dieu, au terme duquel celui qui a été trahi et livré par ses frères en deviendra le sauveur[48].

Mais le point commun le plus fondamental entre les récits de Jean et de Luc, c'est de nous montrer et de célébrer le

---

[47] Pour Jean aussi la Jérusalem actuelle, celle qui refuse le Messie « s'appelle du point de vue spirituel Égypte et Sodome, là où aussi leur seigneur a été crucifié » (*Apoc.* 11, 8).

[48] Joseph lui aussi avait été livré à des étrangers par ses frères qui avaient d'abord comploté sa mort et l'avaient mis dans une fosse (*Gen.* 37). Mais lors de la scène de reconnaissance finale (*Gen.* 45), il leur enseigne que tout cela s'est produit selon un dessein caché de Dieu pour le salut commun : « Ne vous affligez pas de m'avoir vendu ici, car c'est pour sauver vos vies que Dieu m'a envoyé en devant de vous. » (45, 5)

Christ ressuscité « ouvrant », c'est à-dire interprétant les Écritures à ses disciples d'abord désorientés.

Luc 24, 32 : Ils se dirent l'un à l'autre : « Notre cœur n'était-il pas brûlant en nous, tandis qu'il nous parlait sur la route et nous ouvrait (διήνοιγεν) les Écritures ? »

Apocalypse 5, 9 : Et ils chantent un chant nouveau en disant : « Tu es digne de prendre le volume et d'ouvrir (ἀνοῖξαι) ses sceaux ! »

Il faut encore mentionner comme étroitement parallèle à ces récits, celui de l'intervention de Philippe, dans les *Actes des apôtres* (8, 26-40), auprès de l'eunuque de la reine d'Éthiopie. Ici encore la clé des Écritures se trouve en *Isaïe* 53, et ici encore l'exégèse messianique d'*Isaïe* 53 est au centre d'un récit fantastique, où intervient de façon surnaturelle un *interprète secourable*. Résumons-le.

L'Ange du Seigneur donne l'ordre à Philippe de se trouver sur la route de Jérusalem à Gaza. Justement y passe un haut fonctionnaire éthiopien, eunuque et ministre de la reine Candace, qui est en train de lire sur son char le livre du prophète Isaïe sans y rien comprendre.

L'Esprit dit à Philippe de courir après son char. Il y court. *Il entendit que l'eunuque lisait le prophète Isaïe. Il lui demanda : « Comprends-tu ce que tu lis ? » — « Et comment le pourrais-je, si personne ne me guide ? » (...) Le passage qu'il lisait était le suivant : « Comme une brebis il a été conduit à la boucherie, comme un agneau muet devant celui qui le tond. (...) » S'adressant à Philippe, l'eunuque lui dit : « Je t'en prie, de qui le prophète dit-il cela ? De lui-même ou de quelqu'un d'autre ? » Philippe prit alors la parole, et partant de ce texte de l'Écriture, lui annonça l'avènement de Jésus (εὐηγγελίσατο αὐτῷ τὸν Ἰησοῦν).*

L'eunuque se convertit sur le champ, et il est aussitôt baptisé. *Mais quand ils furent remonté de l'eau, l'Esprit du Seigneur enleva Philippe et l'eunuque ne le vit plus. Et il poursuivit son chemin tout joyeux.* On est ici dans la même atmosphère surnaturelle que sur la route d'Emmaüs, et qu'à la cour céleste, où Jean a lui aussi été convoqué et aspiré par *l'Esprit* (*Apoc.* 4, 1-2).

Et voici comment on peut résumer la structure narrative de tous les textes que nous avons rapprochés.

	Héros désorienté	Adjuvant surnaturel		Perturbation	État final
Perrault	Cendrillon (vierge)	Fée		En pleurs	Parée, mariée
Genèse 49	Échanson de Pharaon (eunuque)	Interprète secourable	Joseph	Air lugubre	Réhabilité
Luc 24	Pèlerins d'Emmaüs		Jésus	Air lugubre	Consolés
Actes 8	Trésorier de Candace (eunuque)		Philippe	Perplexe	Baptisé, tout joyeux
Apoc. 5	Jean (vierge)		Isaïe	En pleurs	…

Le thème narratif de la métamorphose

L'Ancien qui s'adresse à son confrère et successeur Jean éploré, et la Fée qui vient trouver sa filleule Cendrillon en larmes, n'ont pas pour seul point commun le rôle de consolateur. Leur intervention dans le récit provoque aussi de surprenantes métamorphoses, dont le but final est de réunir l'épouse à son futur, en provoquant la *reconnaissance* de l'un par l'autre, au travers d'apparences d'abord défavorables.

Hé bien ! seras-tu bonne fille ? dit sa Maraine ; je t'y feray aller [au bal]. *Elle la mena dans sa chambre, et luy dit, va dans le jardin & apporte-moy une citroüille : Cendrillon alla aussi-tost cueillir la plus belle qu'elle put trouver, & la porta à sa Maraine, ne pouvant deviner comment cette citroüille la pourroit faire aller au bal. Sa Maraine la creusa, & n'ayant laissé que l'écorce, la frappa de sa baguette, & la citroüille fut aussi-tost changée en un beau carosse tout doré. Ensuite, elle alla regarder dans sa sourissiere, où elle trouva six souris toutes en vie ; elle dit à Cendrillon de lever un peu la trappe de la sourissiere & à chaque souris qui sortoit, elle luy donnoit un coup de sa baguette, & la souris estoit aussi-tost changée en un beau cheval ; ce qui fit un bel attelage de six chevaux d'un beau gris de souris pommelé. Comme elle estoit en peine de quoy elle ferait un Cocher, je vais voir, dit Cendrillon, s'il n'y a point quelque rat dans la ratiere ; nous en ferons un Cocher : Tu as raison, dit sa Maraine, va voir : Cendrillon lui apporta la ratiere, où il y avoit trois gros rats. La fée en prit un d'entre les trois, à cause de sa maîtresse barbe, & l'ayant touché, il fut changé en un gros Cocher qui avoit une des plus belles moustaches qu'on ait jamais veuës.*

Le récit figuratif de Jean n'est pas moins surprenant. L'Ancien annonce l'avènement d'un *Lion de Juda* (qualifié aussi *Racine*) qui va ouvrir le Livre, mais c'est en fait un *Agneau égorgé* qui surgit alors, qui plus est entre quatre personnages fantastiques, dont le premier a une tête de *lion*, le deuxième une tête de *taureau*, le troisième une tête d'*homme* et le dernier une tête d'*aigle*. Et ce n'est pas fini. Chacun de ces quatre animaux crie successivement : « Viens ! » et il surgit à chacun de ces cris un *Cheval* de couleur différente monté par un *cavalier* équipé à chaque fois de manière différente.

Le thème narratif de la métamorphose animale est particulièrement adapté pour évoquer le changement d'état que constitue l'union conjugale. C'est ainsi par exemple qu'il réapparaît spontanément dans une fable humoristique du rabbin israélien Shalom Arush, contée par lui-même dans une vidéo[49] qui courait sur internet en 2019 : « Le lion a organisé son mariage, il a invité tous les animaux. La souris arrive, elle fait un chèque au lion, le lui donne et lui dit : '*Mazal Tov* mon frère !' Le lion s'énerve et dit : 'Je t'ai invité à mon mariage, mais depuis quand suis-je ton frère ?!' La souris répond : 'Moi aussi j'étais un lion… avant de me marier.' »

Plusieurs contes folkloriques de l'Europe chrétienne enseignent aussi aux jeunes filles que les bons maris se présentent parfois tout d'abord sous des apparences rebutantes. Voire si répugnantes qu'on en vient parfois à les supplicier. Ainsi les deux premières sœurs qui épousent successivement le *Roi Porc*, dans le conte italien du même nom[50] veulent-elles le tuer lors de leur nuit de noces, et seule la troisième, qui saura l'aimer sous cette apparence ignoble, trouvera en lui l'époux parfait. Ainsi en va-t-il encore dans le conte *Le Roi-Grenouille ou Henri de Fer*, recueilli par les frères Grimm[51] en Hesse et Westphalie : lorsqu'il veut monter dans le lit de la princesse, elle le fracasse contre un mur, et ce

---

[49] Vidéo en ligne en 2019 depuis 2017 : www.torah-box.com/auteurs/rav-chalom-arouch_164.html. S. ARUSH a entre autres publié un guide pratique de l'entente conjugale, *Le Jardin de la Paix* (Saint-Mandé 2008).

[50] G.F. STRAPAROLA, "Il Re Porco", in *Le piacevoli notti* (Venise 1550).

[51] Jacob et Wilhelm GRIMM, "Der Froschkönig oder der eiserne Heinrich", in *Kinder- und Hausmärchen* (Berlin 1812). Le parallèle avec l'Agneau égorgé est d'autant plus troublant, qu'on voit dans ce conte un *serviteur* du roi, Henri de Fer, qui s'était fait ceindre le cœur de trois cercles de fer de façon qu'il n'éclate pas sous l'effet de la douleur : mais la joie de voir son maître marié brise bruyamment ce carcan, de même que l'Agneau vainqueur, en brisant les sept sceaux, fait cesser les pleurs du prophète Jean, lui aussi *serviteur* de l'époux (*Apoc.* 1, 1 et 22, 9).

n'est qu'alors qu'il reprend sa véritable apparence. Dans une version écossaise du même conte, elle doit le décapiter[52].

Il nous reste à nous demander qui monte ensuite ces quatre chevaux surgis de nulle part. Le contexte, avec sa structure narrative élémentaire, nous invite clairement à penser qu'il s'agit d'une nouvelle métamorphose du Messie, d'abord Lion et Racine, puis Agneau égorgé, puis Cavalier au cheval blanc, puis Cavalier au cheval rouge, et ainsi de suite.

C'est d'autant plus vraisemblable que, vers la fin de l'*Apocalypse*, notre Cavalier au cheval blanc réapparaît à la tête d'une armée céleste (*Apoc.* 19, 11-16), comme avant lui l'Agneau à la tête des 144.000 (14, 1-5), et que ce cavalier est alors clairement dénommé (19, 13) *le Verbe de Dieu* (ὁ λόγος τοῦ θεοῦ). Mais pourquoi s'incarnerait-il, si l'on peut dire, monté sur quatre chevaux différents et successifs ?

Caractère homogène de la série des quatre chevaux

C'est là l'une des obscurités les plus connues de l'*Apocalypse*. Le plus ancien commentaire conservé, celui de Victorin de Poetovio, vers 270, considère que le premier cavalier représente la prédication chrétienne inaugurée par Jésus lui-même, tandis que les cavaliers suivants reflèteraient la trilogie traditionnelle des fléaux bibliques[53] : guerre, famine et mortalité épidémique. C'est encore la position, entre mille autres, d'un commentateur récent aussi notable

---

[52] J. JACOBS, "The Well of the World's End", in *English Fairy Tales* (London 1890). La classification d'AARNE et THOMPSON range les contes de ce type sous le numéro AT 440.
[53] Édition DULAEY (SC 423 ; Paris 1997) 78-81.

que Prigent en 2000⁵⁴ : le cheval rouge et l'épée de son cavalier symboliseraient *la guerre*, le cheval noir et la balance de son cavalier représenteraient *la famine*, le cheval vert, avec son cavalier appelé Mort et suivi de l'Enfer, incarneraient *la peste*. C'est encore ainsi que sont universellement compris et représentés les *cavaliers de l'Apocalypse* dans les arts modernes⁵⁵ autant que dans le folklore contemporain sous toutes ses formes. Seulement cette solution traditionnelle présente d'énormes difficultés.

Première difficulté, la platitude désolante de ce que serait alors cette révélation. Eh quoi ! Le verbe de Dieu se serait incarné, l'Agneau aurait été immolé, et l'Évangile proclamé victorieusement, tout cela pour nous faire cette grande Révélation : que les choses se dérouleront à l'avenir comme d'habitude, et comme depuis toujours : guerres, famines et pestes !?

Deuxième difficulté : le peu de clarté et de cohérence de cette prétendue trilogie. En quoi par exemple le deuxième cavalier avec son épée représenterait-il plus la guerre que le premier avec son arc⁵⁶ ? A-t-on jamais vu, par ailleurs, une balance figurer une catastrophe quelconque ? Ou figurer

---

[54] PRIGENT, *op. cit.*, pp. 203-205 : « la série des quatre figures équestres est héritée de Zacharie, il ne faut *donc* pas en induire que les quatre composants sont des réalités homogènes, en l'occurrence des fléaux. » Voilà très exactement ce qu'on appelle une pétition de principe.

[55] C'est-à-dire depuis les gravures d'Albrecht DÜRER, publiées en 1498, car avant cela les enluminures médiévales considéraient plutôt les quatre cavaliers comme autant d'aspect du Messie, sous la saine influence du commentaire de BERENGAUD. Cf. A.M CETTO, "Der dritte apokaliptische Reiter", *Metropolitan Museum Journal* 9 (1974) 203-210.

[56] C'en est au point que de nombreux exégètes supposent que le premier représenterait la guerre de conquête, et le second la guerre civile. Voilà une donc trilogie qui commencerait par dédoubler son premier membre. Difficile de mieux embrouiller le lecteur et ses auditeurs.

spécialement une famine, voire même une simple cherté des vivres ? Enfin pourquoi un cheval vert chevauché par la Mort, elle-même suivie du Séjour des morts, signifierait-il spécialement, par lui-même, les ravages d'une mortalité épidémique, sinon par une pure pétition de principe ? C'est d'autant moins vraisemblable, que pour caractériser cette chevauchée finale de « la mort » sur le cheval vert, l'auteur en distingue non pas trois mais quatre modalités, tétralogie empruntée très clairement au livre du prophète Ézéchiel[57] : « Et il leur fut donné [à la Mort et au Séjour des morts] autorité sur le quart de la terre, afin de tuer par l'épée, et par la famine et par la mort[58], et au moyen des bêtes de la terre ». Certains exégètes se sont efforcés de détacher cette réminiscence d'*Ézéchiel* de la dernière chevauchée (qui serait donc la seule à ne pas avoir de mission divine précise) pour la faire porter très arbitrairement sur l'ensemble des quatre chevauchées, comme une sorte de récapitulation[59]. Mais ce serait ici à nouveau supposer chez l'auteur une recherche délibérée de l'obscurité et de l'incohérence. Ces quatre fléaux

---

[57] *Éz.* 5, 12-17 et 14, 21, non pas d'après le texte massorétique actuel (qui porte « le tiers de la terre »), mais d'après un texte hébraïque différent qui est aussi à la base de la version grecque dite des Septante [portant « le quart de la terre »].

[58] Le contexte donnant ici seulement à « mort » le sens possible de mortalité épidémique.

[59] PRIGENT est catégorique (*op. cit.*, p. 208) : « Comment ne pas reconnaître une allusion récapitulatrice aux deuxième (épée), troisième (famine) et quatrième cavalier (mort) ? ». Déjà ALLO (*op. cit.*, p. 89), remarquant que certains manuscrits portent le singulier αὐτῷ, « comme s'il ne s'agissait que du dernier cavalier », conclut qu'il faut préférer décidément le pluriel « parce que le sens l'exige ». Il n'entrevoit donc même pas l'alternative qu'AUNE (*op. cit.*, p. 402) est l'un des rares à poser clairement et correctement (sans d'ailleurs se prononcer le moins du monde) : « The plural pronoun αὐτοῖς, 'to them', either refers to Death and Hades and this sentence form a conclusion to the fourth seal, or the pronoun refers to all four cavaliers and this sentence forms a conclusion to the entire textual unit in 6 : 1-8 (LOHMEYER, 62 ; RISSI, *Zeit*, 89) ».

correspondraient, des plus allusivement, pour les trois premiers, aux trois derniers de nos quatre chevaux, le premier cheval et le quatrième fléau ne correspondant pour leur part à rien du tout. On commencerait par une obscurité gratuite (le dédoublement du premier membre de cette trilogie dans sa première occurrence) et on terminerait par une autre obscurité plus gratuite encore (l'addition dans la deuxième occurrence de cette prétendue trilogie d'un quatrième terme sans répondant dans la première). Pourquoi donc supposer chez l'auteur une suite des idées qu'il ferait tout pour ne pas suggérer, et au contraire pour contredire et embrouiller ? En fait, ce passage de l'*Apocalypse* ne comporte ni ne présente aucune sorte de trilogie, sinon dans l'esprit d'exégètes obnubilés par des vues préconçues et des parallèles forcés.

Troisième difficulté : on ne voit aucun critère clair et objectif dans le texte qui permette de répartir en deux groupes antagonistes les quatre chevaux de l'*Apocalypse*. Comment donc expliquer cette contradiction apparente : que le premier cavalier ressemble comme une goutte d'eau à celui qui réapparaît plus loin, clairement identifié au *Verbe de Dieu* (19, 13), tandis que les trois suivants seraient des personnages maléfiques ?

Au milieu des années 1960, une solution plutôt rare avant cela[60], a connu une nouvelle vogue, et rencontre depuis un succès croissant dans les nouvelles communautés évangéliques de France et d'ailleurs : il s'agirait de l'Antéchrist, parodiant par avance (6, 2-3) la venue finale du

---

[60] Ch.Fr. ZIMPEL paraît être le premier à reconnaître en lui l'Antéchrist, à savoir Napoléon Bonaparte, *Le Millénaire* (Francfort-sur-le-Main 1866) 43. Autres pionniers de cette interprétation : R.F. FRANKLIN, *Annotations on the Revelation* (New York 1898) 85, et W.C. STEVENS, *Revelation* (Harrisburg 1928) II 129.

véritable Verbe de Dieu (19, 13)[61]. Mais cette solution est beaucoup plus ingénieuse que convaincante, parce qu'elle ne repose absolument pas sur l'étude du texte lui-même. Elle ne s'appuie au contraire que sur l'examen d'autres textes supposés très arbitrairement parallèles à celui qu'on étudie[62], ou sur d'autres parallèles encore plus vagues[63]. De plus cette interprétation du texte a ceci d'étrange qu'elle prête finalement à l'auteur l'intention de n'être pas compris, et simultanément, à Dieu et à l'Agneau, le dessein extravagant, non seulement d'embrouiller le lecteur, mais encore d'égarer sournoisement toute l'humanité en lui envoyant, sans le lui dire, un imposteur absolument impossible à démasquer.

Quatrième difficulté, plus grande encore. Le caractère homogène de la série des chevaux et des chars était déjà évident dans les textes sources du *Livre de Zacharie* ; mais la mise en scène élaborée par Jean accentue encore cette homogénéité, d'une manière qui ne peut être que délibérée. En effet chacun de nos chevaux est convoqué par l'un des

---

[61] Citons en ce sens : M. RISSI, "The Rider on the White Horse: A Study of *Revelation* 6:1-8", *Interpretation* 18 (1964) 414-416; L.A. VOS, *The Synoptic Traditions in the Apocalypse* (Kampen 1965) 181-192; A. KERKESLAGER, "Apollo, Greco-Roman Prophecy, and the Rider on the White Horse in Rev 6:2", *JBL* 112 (1993) 116-121; P.G.R. DE VILLIERS, "The Role of Composition in the Interpretation of the Rider on the White Horse and the Seven Seals in Revelation", *Hervormde Teologiese Studies* 60 (2004) 125-153; RESSEGUIE, *op. cit.*, 2009, p. 127; S.K. TONSTAD, *God of Sense and Traditions of Non-Sense* (Eugene 2016) 365-383: « Divine Transparency — and the Stolen Horse ».

[62] Dans ce qu'on appelle l'Apocalypse synoptique (*Matthieu* 24, *Marc* 13 et *Luc* 21), parallèles établis au forceps, en supposant déjà résolues par de vagues analogies les énigmes posées par nos quatre chevauchées.

[63] Ainsi RISSI affirme que le cavalier archer serait une allusion au maléfique Gog d'*Ézéchiel* 39, 3 et 9, tandis que KERKESLAGER y voit une allusion au dieu grec Apollon (aussi dieu des prophètes) ; quant à TONSTAD, il pense avoir trouvé ce qui jette le trouble dans la cour céleste : quelqu'un aurait volé le cheval blanc du Messie…

quatre vivants qui entourent le trône de l'Agneau. Et c'est toujours par le même cri liturgique: « Viens ! (Ἔρχου) », auquel on n'a peut-être pas prêté suffisamment d'attention[64]. Car ce cri ne s'adresse qu'au Messie lui-même, dans l'*Apocalypse* (22, 17) : *Et l'Esprit et l'Épouse disent : Viens ! (Ἔρχου), et que l'auditeur* [de cette prophétie lui aussi] *dise : Viens ! (Ἔρχου).* Et ne sont-ce pas les mots mêmes qui terminent l'*Apocalypse* (22, 22) ? *Celui qui rend ce témoignage dit : « Oui je viens (ἔρχομαι) bien vite. » Amen ! Viens (Ἔρχου) seigneur Jésus !*

Il s'agit évidemment du même cri liturgique dont Paul nous a conservé la version araméenne à la fin de sa *Première lettre aux Corinthiens* (16, 22) : μαρὰν ἀθά, *maranatha*, « Seigneur, Viens ! » et qu'a conservée aussi la *Didakhè* (10, 6). Or, comment pourrait-on sans blasphème, par la même exclamation liturgique, convoquer d'abord le Messie bien-aimé, puis des fléaux tels que guerre, famine ou épidémie ?

Quatre chevauchées d'un même cavalier

Chaque chevauchée s'ouvre donc par le même cri liturgique qui partout ailleurs dans l'*Apocalypse* et dans la première littérature chrétienne ne s'adresse qu'au Messie : « Viens ! » Mais ce n'est pas tout, si l'on veut bien regarder le contexte narratif de cette nouvelle et quadruple péripétie. Lorsque quatre personnages entourant un Agneau s'exclament successivement : *Viens !* sans qu'il soit précisé à qui ils s'adressent, n'est-il pas naturel de supposer que c'est à cet Agneau même ? Et que cet Agneau-Racine *vienne* effectivement, chaque fois qu'il est invoqué, sous la forme

---

[64] Sauf H.B. SWETE, *The Apocalypse* (3ᵈ ed.; London 1913) 85: « But throughout the *Apoc.* ἔρχεσθαι is used of the comings of God or of Christ (ὁ ἐρχόμενος, 1:4, 1:8, 4:8; ἔρχομαι, 2:5, 2:16, 3:11, 16:15, 22:7, 22:12, 22:20; ἔρχεται, 1:7; ἔρχου, 22:17, 22:20). »

d'un Cavalier, monté chaque fois sur un cheval de couleur différente, y a-t-il à s'en étonner, quand cet Agneau était lui-même, juste auparavant, un Lion et une Racine[65] ?

D'ailleurs, si on veut relire le premier chapitre du *Livre de Zacharie* (1,8) il n'y est question que *d'un seul cavalier*, monté sur un cheval rouge et suivi de chevaux de différentes couleurs, sans mention d'aucun autre cavalier[66]. Et de même les chars dont il est question au chapitre 6 y sont mentionnés sans qu'il soit jamais question d'aucun cavalier ni aurige que ce soit. C'est donc très arbitrairement que l'on a supposé que chacun des quatre chevaux de l'*Apocalypse* serait monté par un cavalier différent, alors que bien au contraire toute la structure du récit nous donne à attendre une *entrée en action* du seul Lion-Agneau, c'est-à-dire du seul Messie bien-aimé.

Au reste, plusieurs exégètes, et non des moindres, s'y sont refusés à juste titre, comme en 1618 Luis del Alcazar[67],

---

[65] Ceci dit contre les exégètes qui nous disent qu'il est impossible que le premier cavalier soit sur la terre la même personne que l'Agneau qui est alors au ciel en train d'ouvrir le livre scellé. Ainsi W. BOUSSET, *Die offenbarung Johannis* (2ᵉ éd. ; Göttingen 1906) 265: « Christus (…) kann nicht zugleich das Lamm sein, das die Siegel des Buches öffnet, und der Reiter, der aus dem Buch hervorgeht. »; T. ZAHN, *Die Offenbarung des Johannes* (3ᵉ éd.; Leipzig 1924) II 352-353; AUNE, *op. cit.*, 1998, II 393-394; D. JONES, *A Layman's Commentary on Revelation* (Bloomington 2013) 63: « It is clear that he cannot be Christ, for Christ is holding the book and breaking the seals » ; etc. Si l'on reçoit cet argument, il faut aussi l'appliquer pour la réfuter à toute la théologie de l'Incarnation, qui repose sur une narration du même genre, et de même contenu.

[66] DYDIME L'AVEUGLE, commentateur de *Zacharie*, voit dans ce cavalier au cheval rouge le Verbe de Dieu incarné dans la nature humaine de Jésus, et dans les chevaux qui le suivent les différents catégories de chrétiens, les chevaux bigarrés le faisant penser spécialement à Paul qui *s'est fait tout à tous*.

[67] *Op. cit.*, p. 317 : « *Multi interpretum sibi persuadent postremos tres equos primo esse oppositos. (…) Ambrosius* [en fait il s'agit d'une œuvre non d'Ambroise de Milan comme on le croit alors, mais de Bérengaud de Ferrières] *tamen contrarium supponit. Nam loquens distinctè de vno*

jésuite de Séville, qui relève lui-même parmi ses prédécesseurs des commentateurs aussi originaux et indépendants que Bérengaud moine de Ferrières-en-Gâtinais[68] au IXe siècle, Aréthas évêque de Césarée de Cappadoce[69] au Xe siècle, ou encore son contemporain et compatriote Benito Arias Montano[70]. Après eux on trouve encore au moins trois autres auteurs de cet avis. Pour le protestant David Wängler, dit Pareus, en 1622, c'est le Verbe qui monte les trois premiers chevaux[71]. Pour le catholique Jacques de Bordes, en 1658, il les monte les quatre[72]. Et de

---

quoque equite in singulis equis insidente, de omnibus ait, sessor Dominus. Aretas etiam agens de illo, qui equo portatur rufo, inquit, sessor Christus, constatque ex eius declaratione nullam eum oppositionem inter quatuor equos reperire. Idem statuit Arias Montanus, qui de primis tribus equis sic ait, sessor horum trium iustitiae fructus. »

[68] *Expositio super Apocalypsin* (Paris 1554) 32r° (*Sessor verò equi [albi], Dominus est*), 37v° (*sessor verò huius equi [rufi], Dominus est*), 42v° (*sessor autem equi [nigri], Dominus est*), 46v° (*Sessor huius equi [pallidi], Dominus.*)

[69] *Œcumenii et Arethæ commentarii in Apocalypsin* (ed. CRAMER ; Oxford 1840) 261-272.

[70] Cf. *Elucidationes...* (Anvers 1638) 443.

[71] *In divinam Apocalysin commentarius* (2a ed.; Heidelberg 1622) 235: « Quoniam verò Christus ipse dixit, *se non venisse pacem mittere, sed gladium, etc.* (…), potius per hunc sessorem ipsum Christum rursus intelligamus. Is enim etiam *Zach.* 1. 8 equo rufo insidens repraesentatur. Equus igitur Christi, qui prius erat albus, nunc prodit rufus. Dicitur alius propter colorem alium » (…) ; col. 239 : « Sessorem equi tenentem manu stateram, non intelligo Diabolum, sed Christum. » Mais le quatrième cheval marque évidemment la dégénérescence mortifère de l'Église papiste.

[72] *Op. cit.*, pp. 315-320. Il développe un système original selon lequel chaque sceau représente un des sept sacrements, les quatre premiers étant le baptême, la confirmation, le mariage et l'ordination. Le cheval blanc signifie l'âme purifiée par le baptême ; le rouge, l'âme aux prises avec le combat spirituel mais fortifiée par le Saint-Esprit ; le noir, l'impureté de la pulsion sexuelle canalisée par l'exemple du Christ, époux de l'Église ; le vert, le peuple de Dieu en proie à la mortalité mais instruits par le Christ et secondairement par les prêtres catholiques à trouver le salut au travers du baptême et d'une vie de mortifications.

même pour le génial théosophe schizoïde Emanuel Swedenborg, en 1766[73].

Enfin et surtout, il est bien clair et certain que si Jean a totalement modifié la série chromatique de *Zacharie*, c'est sous la houlette d'Isaïe. Oui, nous disent-ils (tant Isaïe que Jean), le Messie a été identifié par les sacrificateurs *comme un lépreux*. Ils ont cru ainsi appliquer correctement la Torah, qui leur donnait, comme critère d'identification de la lèpre, la présence des couleurs *blanche* (*Lévitique* 13, 3-43), *rougeâtre* (13, 9-49), *noire* (13, 31-37) et *verdâtre* (13, 49). Cependant ils se sont trompés, *de bonne foi*[74], parce qu'ils ne l'ont pas vu avec les yeux de l'Épouse, c'est-à-dire de l'Église chrétienne, elle dont le Bien-aimé présente les mêmes couleurs, puisqu'il a, dans le même ordre, le teint à la fois *blanc* (*Cantique* 5, 10a) et *rouge* (5, 10b), les cheveux *noirs* (5, 11) et les yeux *verdâtres* (*Cantique* 5,12, rapproché de *Psaume* 68, 13).

---

[73] Il s'agit pour lui du même seul et unique Verbe divin reçu différemment par quatre sortes d'intellect (*Apocalypsis Revelata*, Amsterdam, 1766, n°298) : « Per 'Equum' significatur intellectus Verbi, et per 'Equum album' intellectus veri ex Verbo. (…) Intellectus Verbi deperditus etiam significatur per 'equum rufum', 'nigrum', et 'pallidum' in nunc sequentibus.». Et dans l'adaptation française de LE BOYS DES GUAYS, *L'Apocalypse expliquée selon le sens spirituel* (1856) II 195, n°355: « Comme par le Cheval est signifié l'intellectuel, spécialement quant à la Parole, on peut voir par là que l'entendement du vrai d'après la Parole, et la qualité de cet entendement chez les hommes de l'Église, sont décrits ici par les Chevaux. »

[74] *Luc* 23, 34: « Père, pardonne-leur, car ils ne savent pas ce qu'ils font. » *Actes* 3, 17: « Cependant, frères, je sais que c'est par ignorance que vous avez agi, ainsi d'ailleurs que vos chefs. » *Romains* 10, 2: « Car je rends témoignage qu'ils ont du zèle pour Dieu ; mais c'est un zèle mal éclairé. »

Les quatre années de la carrière publique du Messie ?

Il nous faut, pour terminer, rendre compte, le plus sommairement possible, du caractère successif de ces quatre chevauchées du Messie, et, en même temps, montrer que l'attirail symbolique dont il est à chaque fois affublé ne peut s'entendre de façon satisfaisante qu'une fois appliqué au Messie.

Mais avant cela il nous faut établir brièvement qu'il n'est pas extravagant de supposer que l'ouverture des sept sceaux correspond à la première *semaine d'années* du christianisme. Voici quelques brefs arguments en ce sens.

1° L'*Apocalypse* fait maintes allusions au livre du prophète Daniel, selon lequel la fin arrivera au terme d'une série de soixante-dix semaines d'années, la dernière de ces semaines étant divisée en deux demi-semaines, et la première de ces demi-semaines ultimes étant elle-même décomposée en 2+1+½ temps, soit trois temps et demi, ou encore environ 1260 jours, détails auxquels l'*Apocalypse* fait justement cinq allusions très appuyées (*Daniel* 10 ; *Apocalypse* 11, 3. 9. 11 et 12, 6. 14).

Cette semaine messianique est naturellement connue aussi du Talmud : *Nos maîtres enseignent : dans la septaine où vient le fils de David, la première année sera réalisé* Amos 4, 7 : *« Je ferai pleuvoir sur une ville et pas sur une autre ». La seconde année seront projetées les flèches de famine. La troisième, il y aura une famine intense, dont mourront hommes, femmes, enfants, hommes pieux et thaumaturges et les étudiants de la Tora l'oublieront. Dans la quatrième, abondance sans abondance. Dans la cinquième, grande abondance, permettant de manger, boire et se réjouir, et on revient étudier la Tora. Dans la sixième, tonnerres. Dans la septième, guerres, et, à l'issue de la septième, le fils de David* *vient*⁷⁵. Il a dû exister plus d'une spéculation, et plus d'une prophétie de ce genre dans le judaïsme multiforme de l'époque de Jésus. Nous ne citons celle-ci, d'origine pharisienne, que pour montrer à notre lecteur que dès qu'il était question de la venue du Messie, il était en ce temps-là naturel de raisonner en termes de *semaines d'années*.

2° Cela n'était ni difficile ni artificiel dans le monde juif de l'époque, où les cycles de sept ans prescrits par le *Lévitique*, chacun conclu par une année sabbatique de jachère obligatoire, rythmaient depuis des siècles la vie agraire et sociale en Terre Sainte⁷⁶, nourrissaient la réflexion théologique sur l'actualité⁷⁷, et ne furent pas sans incidence sur la vie et l'organisation des premières communautés chrétiennes, même en dehors de Palestine⁷⁸.

---

⁷⁵ *Traité Sanhédrin*, 97a, trad. de J. BONSIRVEN, *Textes rabbiniques des deux premiers siècles chrétiens* (Roma 1954) 515. AUNE (*op. cit.*, p. 392) connaît et cite ici lui aussi ce texte dans sa version anglaise par Isidore EPSTEIN, en faisant remarquer qu'il est fait encore allusion à cette baraïta au traité *Megillah* (17b). Arlette ELKAÏM-SARTRE, fille adoptive du philosophe, en traduit aussi la suite, constituée par une discussion datable du IIIᵉ siècle, *Aggadoth du Talmud de Babylone* (Paris 1982) 1103: *R. Joseph a dit : « Il y eut bien des périodes de sept ans où les choses se sont passées ainsi et pourtant le Messie n'est pas venu ! » Abaye lui a fait remarquer : « Y a-t-il jamais eu des voix la sixième année et des guerres la septième ? En outre, les choses se sont-elles jamais passées dans cet ordre ? »*

⁷⁶ J. JEREMIAS, *Jérusalem au temps de Jésus* (Paris 1980) 189, 200, 408 et 436-437.

⁷⁷ JEREMIAS cite par exemple, *ibid.*, un passage de la Mishna (*Pirqé Abot* 5, 9) selon lequel on avait remarqué une recrudescence de la peste chaque 4ᵉ et 7ᵉ année, qu'on imputait à la négligence avec laquelle lequel le peuple s'acquittait de la dîme en faveur des pauvres, qui se percevait les 3ᵉ et 6ᵉ années.

⁷⁸ J. JEREMIAS, "Sabbathjahr und neutestamentliche Chronologie", *ZNW* 27 (1928) 98-103.

3° Nous avons vu que l'ouverture des sept sceaux est numérotée d'une manière qui s'inspire directement du premier chapitre de la Genèse : « jour un », autant que de la dénomination du jour de la Résurrection chez les premiers chrétiens. Il est donc bien ici question d'une semaine, et d'une semaine analogue à celle de la première Création.

4° Le commencement de ce septénaire est d'ailleurs marqué par l'apparition d'un cavalier au cheval blanc (6, 2) plus loin clairement identifié comme étant la Parole de Dieu (19, 11-13), par laquelle, dans le Commencement, Dieu a créé le Ciel et la Terre (*Gen.* 1, 1). Or c'est bien l'objet de la Révélation faite à Jean : « Et je vis un Ciel nouveau et une Terre nouvelle » (*Apoc.* 21, 1). Il s'agit donc bien d'une nouvelle Création analogue à la première semaine cosmique.

5° Après les quatre premiers sceaux qui nous intéressent ici, vient le cinquième, dont l'ouverture est marquée par la mention de personnes massacrées à cause de la parole de Dieu (*Apoc.* 6, 9-11). Cela correspond sans difficulté au souvenir de la première persécution sanglante qui, apparemment l'année suivant la mort du Christ, frappa l'Église naissante, et mit à mort notamment le tout premier martyr, Étienne (*Actes* 6-7).

6° Le sixième sceau (*Apoc.* 6, 12 à 7, 17) correspond dans ce cadre au sixième jour de la *Genèse*, où furent créés l'Homme et sa Femme. Précisément c'est là qu'on voit surgir pour la première fois, dans la vision céleste de Jean, la grande Église, à la fois juive (les « 144.000 » venant de chacune des douze tribus d'Israël) et non-juive (« foule innombrable de toutes les nations »), qui est l'Épouse de l'Agneau. Cela pourrait bien correspondre aux conséquences immédiates et paradoxales de la dispersion qui suivit le martyre d'Étienne (*Actes* 8-11) : conversions en Samarie, en Damascène, en

Phénicie, à Césarée-Maritime, à Chypre, massives surtout à Antioche de Syrie (Actes 8-11).

Dans les *Actes des Apôtres*, la nature de cette évolution inattendue est éclairée pareillement par une vision céleste à portée universaliste, racontée à deux reprises, celle de Pierre, dans la ville de Joppé. Il voit le ciel s'ouvrir sous la forme d'une nappe contenant une foule d'animaux variés, purs autant qu'impurs, qui sans l'ombre d'un doute représentent aussi les juifs et les non juifs désormais réunis dans l'unique Assemblée messianique[79].

7° Le septième sceau, enfin, correspond dans ce cadre au Sabbat de la première création, durant lequel Dieu se reposa de son œuvre. Et de fait par quoi est-il marqué ? Précisément par rien, sinon un majestueux et très énigmatique *silence, σιγή* (*Apoc.* 8, 1), qui marque un temps de repos pour la Parole créatrice. Cette étape peut correspondre à la période de tranquillité qui suivit la première persécution et la dissémination de la Parole hors de Judée, selon les *Actes* (9, 31) : « l'Assemblée jouissait donc la paix dans toute la Judée, la Galilée et la Samarie ».

8° Enfin, les quatre chevauchées qui marquent l'ouverture des quatre premiers sceaux peuvent-elles correspondre à la durée de la carrière publique du Messie ? C'est tout à fait possible dès lors que l'on suit la chronologie classique qui la fait courir de l'an 29 à la Pâque de l'an 33, soit pendant environ trois ans et demi. Rappelons que c'est celle qui a été défendue par le premier chronographe qui se soit sérieusement occupé de la question et dont on ait conservé les travaux, à savoir Eusèbe de Césarée, mort en 339, ainsi que par un ouvrage majeur et extrêmement documenté de George Ogg, qui date déjà de 1940 mais continue à faire référence et

---

[79] *Actes* 10, 11-16 et 11, 5-10

n'a jamais été remplacé[80]. L'ouverture des quatre premiers sceaux correspond alors sans difficulté à cette première période de l'événement chrétien, qui fait ici l'objet de la méditation de Jean, guidée par la lecture du livre d'*Isaïe*.

Le cheval blanc

La première chevauchée (6, 1-2) peut parfaitement correspondre dans ce cadre au début de la prédication de Jésus, prédication tout d'abord triomphale pendant l'année juive qui va, *grosso modo*, d'octobre 29 à septembre 30. Son arrivée est annoncée *comme par une voix de tonnerre (ὡς φωνῇ βροντῆς)*. C'est évidemment la *voix (φωνὴ)* venue du ciel qui dans les évangiles synoptiques[81] proclame que Jésus est *le Bien-aimé (ὁ ἀγαπητός)*, et inaugure ainsi son ministère public. Rappelons aussi que, selon le seul *Évangile de Jean* (1, 29), Jésus est dès ce moment identifié par le dernier des prophètes comme *l'Agneau (ἀμνὸς) de Dieu qui enlève le péché du monde.*

Notre cavalier tient *un arc* (grec τόξον). Il faut ici remonter à l'hébreu קשת, qui ne distingue pas comme le grec et le français *l'arc* proprement dit de l'*arc-en-ciel*, grec ἶρις, *iris* : c'est l'arc divin que, selon la *Genèse* (9, 13-16), Dieu a suspendu dans les cieux en signe d'alliance avec tous les descendants de Noé, arc céleste que porte aussi le Messie préexistant dans la vision inaugurale du prophète Ézéchiel (1, 28) : *comme une vision d'arc (ὡς ὅρασις τόξου) lorsqu'il est*

---

[80] *The Chronology of the Public Ministry of Jesus* (Cambridge 1940 ; reprint 2014).
[81] *Matthieu* 3, 17 (φωνὴ ἐκ τῶν οὐρανῶν) ; *Marc* 1, 11 (id.) ; *Luc* 3, 22 (ἐξ οὐρανοῦ) ; phénomène que *Jean* 12, 28-29 place plus tard dans la carrière de Jésus : *Or donc il vint une voix du ciel (φωνὴ ἐκ τοῦ οὐρανοῦ) : « Et je t'ai glorifié, et je te glorifierai ». La foule qui se tenait là et qui avait entendu dit qu'il y avait eu du tonnerre (βροντὴν), tandis que les autres disaient : un ange lui a parlé.*

dans la nuée au jour de pluie. L'arc est donc clairement le symbole de la nouvelle alliance qui à terme va s'ouvrir à toute l'humanité. C'est d'autant plus certain que, de l'aveu commun, Jean vient précisément de faire allusion à ce passage d'*Ézéchiel* dans sa description du trône divin, où vient s'asseoir l'Agneau (*Apoc.* 4, 3) : *Et un arc-en ciel (ἶρις, iris) tout autour du trône.*

Plus simplement, ce cavalier archer, et couronné, évoque immédiatement à l'esprit de tout juif pieux le roi Messie bien aimé du *Psaume* 45, 2-8 : *Tu es le plus beau des fils de l'homme. (...) Dans ta majesté avance-toi, chevauche (verbe* רכב*, rakab), combats pour la vérité, la douceur et la justice, et que ta droite te fasse accomplir des faits merveilleux. Tes flèches sont aiguës ; des peuples tomberont à tes pieds ; elles perceront le cœur des ennemis du roi. (...) Tu aimes la justice, tu hais l'impiété, c'est pourquoi Dieu, ton Dieu t'a oint (משח, ἔχρισέν, « t'a fait Messie ») d'une huile d'allégresse.*

Il porte *une couronne*, comme il convient à quelqu'un qui annonce l'avènement du Royaume de Dieu, et aussi en tant que rejeton de la souche de David, *roi des Juifs*. Il faut remarquer qu'à la fin du dernier septénaire de l'*Apocalypse* (19, 11), il réapparaîtra sur ce même cheval blanc, mais portant cette fois non plus une seule *couronne*, mais *plusieurs diadèmes* (19, 12), symbole de l'extension, à cette date, de sa royauté à plusieurs autres nations, qui viennent d'être évangélisées, notamment en Asie proconsulaire. De fait, à ce moment-là, il sera suivi d'une armée céleste montée sur d'autres *chevaux blancs* (qui sont évidemment les missionnaires chrétiens tels que Paul et Jean lui-même).

Il part enfin *en vainqueur (νικῶν) et pour vaincre (νικήσῃ).* Et en effet il est le Lion dont il vient d'être dit (5, 5) : *Voici, il a vaincu (ἐνίκησεν) [pour] ouvrir le livre et ses sept sceaux* : ce qu'il est précisément en train de faire.

Il faut aussi noter que dans l'*Évangile de Luc*, Jésus inaugure sa prédication publique en déclarant réalisée une prophétie d'*Isaïe* qui annonçait l'avènement d'une *année de grâce*[82].

Le cheval rouge

La deuxième chevauchée (6, 3-4) correspond à la deuxième année de la carrière publique du Messie, en gros d'octobre 30 à septembre 31, marquée par une hostilité croissante des autorités religieuses constituées, que d'ailleurs il ne ménage pas lui-même. Il est donné à notre cavalier une *grande épée (μάχαιρα μεγάλη)*, et *d'enlever (λαβεῖν) la paix (τὴν εἰρήνην) hors de la terre (ἐκ τῆς γῆς) de sorte que les gens s'égorgent les uns les autres.*

C'est très exactement, ou plutôt très littéralement, le programme officiel de Jésus d'après l'*Évangile de Matthieu* (10, 34-36) : *Ne croyez pas que je sois venu mettre la paix (εἰρήνην) sur la terre (ἐπὶ τὴν γῆν), je ne suis pas venu mettre la paix (εἰρήνην), mais au contraire l'épée (μάχαιραν), car je suis venu opposer quelqu'un à son père, et une fille à sa mère, et une fiancée à sa belle-mère, et ce seront des ennemis pour quelqu'un que les membres de sa famille.* Luc dans son propre *Évangile* (12, 51) semble avoir été heurté de cette expression, l'*épée (μάχαιραν)*, qu'il a cru devoir rendre par le terme plus abstrait de *division (διαμερισμόν).*

D'ailleurs nous ne voyons, dans tout le reste de l'*Apocalypse*, que trois autres occurrences d'un personnage précis doté d'une *épée (μάχαιρα)* ou *glaive (ῥομφαία)*, termes

---

[82] *Luc* 4, 14-21 alléguant Is. 61, 1-2. Cf. cette oraison syro-malabare pour le jubilé de 1933, *Acta Apostolicae Sedis - Commentarium Officiale* 26/9 (1934) 346: « *Oratio.* Christe Deus noster, Tu qui missus es ut annuntiares annum Domino placentem, sicut prophetizavit *princeps Prophetarum venerabilis Isaias* [sic], cuius librum legisti in synagoga Nazareth dum in mundo nostro víveres, *etc.* »

pratiquement synonymes[83]. C'est d'abord le Christ ressuscité de la vision inaugurale (1, 16) : *Et, hors de sa bouche, un glaive (ῥομφαία) à deux tranchants, acéré, qui en sortait*. Le même déclare ensuite aux hérétiques nicolaïtes de l'assemblée de Pergame : *Corrige-toi, sinon je viens vite te voir et je combattrai avec eux dans le glaive (ἐν τῇ ῥομφαίᾳ) de ma bouche*. On voit bien ici très clairement, soit dit en passant, que le dit *glaive* n'est évidemment qu'une image vive de la saine doctrine chrétienne en tant que telle. Enfin on retrouve ce *glaive* lors du retour du cavalier au cheval blanc, vers la fin de l'*Apocalypse* (19, 15). À cette date notre cavalier sera suivi d'une armée céleste montée sur d'autres chevaux blancs, qui sont clairement les missionnaires diffusant le christianisme à travers l'empire romain : *Et de sa bouche sort un glaive (ῥομφαία) acéré afin d'en frapper les non juifs (τὰ ἔθνη, גוים)*. Par où l'on voit bien à nouveau qu'il n'est pas possible de distinguer deux cavaliers distincts dont l'un serait monté sur un cheval blanc et tenant un arc, et l'autre sur un cheval rouge armé d'une épée. Il s'agit dans tous les cas du Messie qui finalement resurgira sur son cheval blanc initial, mais avec l'épée qu'il avait sur son cheval rouge.

---

[83] Il existe plusieurs mots grecs pour désigner les armes tranchantes, sans que pour autant chacun de ces termes ait une valeur précise et invariable. Ainsi par exemple J.W. OLLEY, dans son commentaire de la version grecque du *Livre d'Ézéchiel*, *Ezekiel*, (Leiden 2009) 22, relève que le mot hébreu ברח, *chereb*, y est rendu 45 fois par le grec *ῥομφαία*, qui désigne théoriquement plutôt « l'épée longue », mais aussi 36 fois par le mot μάχαιρα, qui représenterait plutôt (en général) « l'épée courte » ou « dague » ; et encore 3 fois par ἐγχειρίδιον, « poignard », plus 2 fois par ξίφος, « rapière ». Si donc Jean, qui ailleurs emploie spontanément le grec *ῥομφαία*, se sert ici de son quasi équivalent μάχαιρα, qui n'en diffère pas plus qu'en français les mots « épée » et « glaive », c'est très certainement pour appuyer une allusion à un dire du Messie déjà bien connu des communautés d'Asie dans la version grecque que nous en a conservée aussi l'*Évangile de Matthieu* 10, 35.

Le cheval noir

La troisième chevauchée (6, 5-6) correspond à la troisième année du ministère public de Jésus, en gros d'octobre 31 à septembre 32, année marquée par l'ouverture de sa prédication aux non-juifs, notamment en Syrie-Phénicie et en Décapole, qui préfigure l'expansion du christianisme hors de Judée après la mort et la résurrection du Messie.

Notre cavalier au cheval noir porte *une balance (ζυγὸν)*. On entend ensuite une voix céleste prononçant des paroles qui ont mis au désespoir des générations d'exégètes. Elle fixe à un denier le prix de la mesure de blé, et au même prix les trois mesures d'orge, puis elle demande à notre cavalier de ne pas s'en prendre au vin ni à l'huile. Il y a là une exégèse qui remonte très haut dans l'histoire de la communauté, et qu'il ne nous est pas possible d'exposer ici faute de place. Nous en réservons l'étude à un prochain ouvrage.

Nous noterons ici seulement que la figure de l'homme à la balance n'est généralement pas comprise.

La *balance (ζυγὸν)* à cette date, en effet, ne caractérise pas la personne qui vend, mais celle qui achète et plus précisément qui paye. On *mesure* le grain, l'huile et le vin, et on *pèse* l'argent. Toute personne qui dans la Bible tient une balance est par là-même caractérisée comme un acquéreur, et non comme un vendeur. Et c'est ce qu'on voit spécialement lorsque le prophète Jérémie (32, 9-10) reçoit l'ordre divin de se porter symboliquement acquéreur d'un champ : *J'achetai donc ce champ à mon cousin Anaméel d'Anatot et lui pesai l'argent : dix-sept sicles d'argent. Je rédigeai l'acte et le scellai, je pris des témoins et je pesai (verbe שׁקל, shaqal) l'argent avec une balance (ἐν ζυγῷ)*. De même en *Isaïe* 55, 1-2 : *Vous tous qui avez soif, venez, voici de l'eau ! Même si vous n'avez pas d'argent, venez acheter et consommer, venez acheter du vin et du lait sans argent et sans paiement.*

Pourquoi est-ce que vous pesez (verbe שָׁקַל, shaqal) de l'argent pour ce qui ne nourrit pas ?

Peser de l'argent (latin *appendo*, bas-latin *penso* puis *peso*) ou le *dépenser* (latin *impendo*, bas-latin *dispenso*), c'est d'ailleurs une seule et même chose, et cela même encore à la fin du Moyen Âge, où on paye « en argent bien pesé ».

Ainsi donc notre cavalier au cheval noir est en train, par un mime prophétique du même genre que celui de Jérémie, d'*acheter* du grain, et à un prix très élevé. C'est donc une erreur très profonde, même si elle est très répandue, que de voir dans ce passage la prophétie d'une pénurie ou d'une cherté des grains, ou d'une famine envoyée par Dieu pour châtier on ne sait qui d'on ne sait quoi. Le prix exorbitant du grain[84] ne pénalise ici que notre cavalier, qui s'en porte acquéreur au prix fort. Ce prix en effet n'est pas fixé par le marché ni par des aléas climatiques, mais par une libre décision de Dieu lui-même.

Or on ne trouve dans toute l'*Apocalypse* qu'un seul personnage qui soit dans cette situation, et c'est encore l'Agneau, de qui cela vient précisément d'être dit (5, 9) : *Et ils chantent un chant nouveau, disant : « Tu es digne de prendre le livre et d'en ouvrir les sceaux, car tu as été égorgé et as acheté (ἠγόρασας) pour Dieu, avec ton sang [des gens] de toute tribu et langue et peuple et nations. »*

Le Messie entreprend d'acquérir pour Dieu un nouveau peuple à la fois juif (d'où les *tribus* qui forment le *peuple* juif) et à la fois non juif (d'où les *nations*, hébreu *goïm*). Cette image d'une acquisition de grains par le Messie n'a rien pour étonner quand on entend Jean-Baptiste annoncer ainsi la

---

[84] Selon CICERON, *Verrines* 8, 81 (vers 70 avant J.-C), en période normale, on pouvait acheter pour un denier soit douze mesures de blé, ou vingt-quatre mesures d'orge. Le blé est donc ici acheté pour douze fois sa valeur normale, et l'orge pour huit fois sa valeur.

carrière de Jésus : « Il recueillera son blé dans le grenier »[85]. Il y a là plus précisément une allusion à un achat de « moisson sur pied », comme dans une prophétie d'Isaïe sur la Syrie : « Il en sera comme lorsqu'on rassemble la moisson sur pied »[86]

C'est aussi ce que Paul répète avec insistance aux Corinthiens, à deux reprises (*1 Cor.* 6 20 ; 7, 23) : *Car vous avez été achetés (ἠγοράσθητε) à un [certain] prix (τιμῆς)* [c'est-à-dire, par litote, fort cher] (…). *C'est à un [certain] prix (τιμῆς) que vous avez été achetés (ἠγοράσθητε) : ne vous faites pas les esclaves des gens !* Pierre écrit la même chose aux nouvelles chrétientés d'Anatolie, dont celles d'Asie proconsulaire (*1 Pierre* 1, 18-19) : *Sachez que ce n'est par rien de corruptible, or ou argent*[87]*, que vous avez été rachetés (ἐλυτρώθητε) de la vaine conduite héritée de vos pères [païens], mais par un sang précieux (τιμίῳ), comme d'un Agneau sans reproche et sans tache, le Christ, discerné avant la fin du monde et manifesté dans les derniers temps à cause de vous.* Il fait allusion pour sa part à *Isaïe* 52, 3 : *Vous avez été vendu gratuitement (δωρεὰν) et ce n'est pas avec de l'argent que vous serez rachetés (λυτρωθήσεσθε).*

Les théologies de Pierre, de Paul et de Jean sont à cet égard extrêmement homogènes à tout point de vue : c'est bien parce que l'Agneau d'*Isaïe* 53 a racheté l'humanité *en argent bien pesé* que les croyants n'ont désormais plus rien à débourser, *étant justifiés gratuitement (δωρεὰν) par la grâce divine au*

---

[85] *Matthieu* 3, 12 ; *Luc* 3, 17. Et dans parabole de l'ivraie et bon grain (*Matthieu* 13, 30) : « Quant au blé, recueillez-le dans mon grenier » ; et dans celle des Talents (25, 24 et 26, *cf. Luc* 19, 20) : « Tu moissonnes où tu n'as pas semé, et tu ramasses où tu n'as rien répandu. »

[86] *Isaïe* 17, 5 (trad. SEGOND). CHOURAQUI traduit : « Et c'est comme de réunir à la moisson l'empouille [la récolte sur pied]. »

[87] Notez ce paradoxe d'un or putrescible et bien moins précieux que le sang de l'Agneau, paradoxe très proche de ceux qu'on trouve sans cesse dans l'*Apocalypse*, comme par exemple l'idée de vêtements *blanchis par le sang* de l'Agneau.

moyen du rachat (ἀπολυτρώσεως) qui s'opère dans le Messie Jésus[88], conformément à cette autre prophétie d'*Isaïe* déjà citée (55, 1-2) : *Vous tous qui avez soif, venez, voici de l'eau (...) sans argent et sans paiement. Pourquoi est-ce que vous pesez de l'argent pour ce qui ne nourrit pas ?* Est-ce par hasard que Jean répète deux fois ce même verset d'*Isaïe* à la fin de son *Apocalypse* ? On y lit en effet d'une part (21, 6) : *C'est moi qui donnerai à celui qui a soif de l'eau de vie, gratuitement (δωρεὰν)*, et d'autre part (22, 17) : *Et que celui qui a soif vienne, et que celui qui en veut reçoive de l'eau de vie, gratuitement (δωρεάν)*. Il n'y a plus besoin d'être ni de se faire juif : il suffit d'avoir soif de la Parole de Dieu[89].

Remarque sur ces trois premières chevauchées

Il faut noter que cette conception d'une prédication en trois étapes, d'abord marquée par un accueil favorable en milieu juif, puis par la montée des oppositions, et enfin par une ouverture aux non juifs, est un schéma narratif récurrent dans le résumé que font les *Actes des apôtres* de la carrière et des discours de Paul[90] qui lui se veut en tout un imitateur du Messie, comme aussi le souligne le récit des *Actes*. Le cas le plus clair en est justement la périodisation par les *Actes* de l'activité de Paul à Éphèse, épicentre des chrétientés auxquelles s'adresse l'*Apocalypse* . « Et il entra à la synagogue où il parla franchement pendant trois mois, débattant et argumentant sur le règne de Dieu [première

---

[88] *Romains* 3, 24 : δικαιούμενοι δωρεὰν τῇ αὐτοῦ χάριτι διὰ τῆς ἀπολυτρώσεως τῆς ἐν Χριστῷ Ἰησοῦ.

[89] On retrouve cette même *eau de vie* gratuite dans la Jérusalem nouvelle, où un *fleuve de vie* arrose des *arbres de vie* dont *les feuilles guérissent les païens* (*Apoc.* 22, 1-2, reprenant *Ézéchiel* 47). Même enseignement de Jésus en *Jean* 4, 4-26 à la Samaritaine (non juive).

[90] *Actes* 13, 14 à 49 (Antioche de Pisidie) ; 17, 1-10 (Thessalonique) ; 18, 4-10 (Corinthe) ; 19, 8-10 (Éphèse) ; 22, 17-21 (Jérusalem).

étape]. Mais comme quelques-uns s'endurcissaient, se montraient rétifs et maudissaient cette voie devant la multitude, il les quitta, prit les disciples à part et débattit, chaque jour, dans l'école de Tyrannos [deuxième étape]. Cela dura deux ans, de sorte que tous les habitants de l'Asie, juifs et grecs, entendirent la parole du Seigneur [troisième étape]. »[91]

Le cheval vert

La quatrième chevauchée (6, 7-8) correspond à la dernière année de la carrière terrestre du Messie, qui devait aller d'octobre 32 à septembre 33, mais fut interrompue par sa crucifixion le 3 avril de l'an 33. C'est pourquoi notre dernier cavalier s'appelle *la mort (ὁ θάνατος)* et c'est pourquoi il est suivi de près par *le séjour des morts (grec ὁ ᾅδης, hadès, hébreu שאול, shéol, c'est-à-dire, « fosse » ou « sépulture »).*

Est-ce la première fois que l'*Apocalypse* nous parle conjointement de la *mort* et du *séjour des morts* ? Non. Il en a déjà été question presque dès le début, lorsque le Messie s'est présenté lui-même à Jean en ces termes (1, 17-18) : *Je suis le premier et le dernier et le vivant et j'ai été mort (νεκρὸς) et voici je suis vivant (ζῶν) pour les siècles des siècles et que je détiens les clés de la mort (τοῦ θανάτου) et du séjour des morts (τοῦ ᾅδου).*

Il faut remarquer ici un tour volontairement barbare, ou du moins un vilain pléonasme, utilisé par Jean. Il dit très littéralement : *Et voici un cheval et celui qui est assis sur lui, avec pour nom le Trépas, et le Séjour-des-morts suivait (ἠκολούθει) avec lui (μετ' αὐτοῦ).* Cette construction étrange du verbe suivre, « *suivait avec lui* » au lieu de la construction attendue, « *le suivait* » *(ἠκολούθει αὐτῷ)*, est aussi étrange en

---

[91] *Actes* 19, 8-10.

grec qu'en français, d'autant que Jean utilise ailleurs sans difficulté la construction normale de ce verbe (14, 4. 8. 9 et 19, 14).

Et il est très remarquable qu'il l'utilise à nouveau seulement lorsqu'il est question de la *mort* des croyants (14, 13) : *Et j'entendis une voix qui disait : Écris : Bienheureux les morts (νεκροὶ) qui meurent dans le Seigneur dès à présent. Oui, dit l'Esprit, afin qu'ils se reposent de leurs peines, car leurs œuvres suivent avec eux (ἀκολουθεῖ μετ' αὐτῶν).* Il y a donc très vraisemblablement ici allusion à un dire de Jésus conservé sur une forme pléonastique analogue dans le seul *Évangile de Matthieu* (10, 38)[92], dire selon lequel on ne peut être disciple du Messie sans l'accompagner dans sa mort : *Et qui ne prend pas sa croix et suit (ἀκολουθεῖ) derrière moi (ὀπίσω μου) n'est pas digne de moi.*

Il s'agit là d'une vérité de foi souvent répétée par Paul, selon laquelle devenir chrétien, c'est accepter de mourir avec le Christ, et dans une certaine mesure de rester enseveli avec lui dans la mort. Ainsi par exemple dans sa *Lettre aux Romains* (6, 3-4) : *Ou bien ignorez-vous que, baptisés dans le Christ Jésus, c'est dans sa mort (εἰς τὸν θάνατον αὐτοῦ) que tous nous avons été baptisés ? Nous avons donc été enseveli avec lui par le baptême dans la mort (εἰς τὸν θάνατον), afin que comme le Christ est ressuscité des morts par la gloire du Père, nous marchions nous aussi dans une nouveauté de vie (ζωῆς). Car, puisque c'est un même être avec le Christ que nous sommes devenus par l'assimilation à sa mort (τῷ ὁμοιώματι τοῦ θανάτου αὐτοῦ), nous le serons aussi par une résurrection semblable (...) car celui qui est mort est affranchi du péché.*

---

[92] L'*Évangile de Luc* (14, 17), à nouveau, lisse beaucoup cette syntaxe rugueuse : *Quiconque ne porte pas sa croix et vient (ἔρχεται) derrière moi (ὀπίσω μου) ne peut pas être mon disciple.*

Ce que donc l'*Apocalypse* enseigne ici est assez clair, et plusieurs modernes l'ont déjà compris, comme le capucin Jacques de Bordes[93] ou la célèbre mystique étonnamment œcuménique pour son temps, Mme Guyon[94]. De même que l'*Évangile de Jean* (14, 6) enseigne audacieusement que le Messie est à proprement parler « la Vérité, le Chemin *et la Vie* (ἡ ζωή) », de même, selon l'*Apocalypse*, il peut être aussi bien être appelé « *la Mort* » (ὁ θάνατος), puisqu'il nous procure une très salutaire mort au péché, le baptême, cet unique chemin qui conduise à la vie éternelle, à la suite de l'Agneau immolé[95]. Il y a là d'ailleurs l'accomplissement

---

[93] Le cheval vert est pour lui le peuple chrétien conduit par le Christ à la royauté au travers de la mort : « Et quia per mortem ad Regnum perveniunt, ideo mors, nempe Christus, sedet super eos, ipsos regens, illis imperans, et praeceptis, doctrina, exemplo, non solum ad emoriandum peccatis, sed etiam ad mortem corporalem si opus fuerit fortiter subeundam illos provocans : ut de manu mortis liberet eos (…), sicut olim praedixerat, Osee 13. *et se mortem mortis futuram promiserat* (…) ut, mundo et sibi mortui, Deo tantum vivant. » Il pense que ce cavalier figure aussi au second degré les prêtres catholiques « qui per baptimum Christianos sepeliunt cum Christo in mortem (…) Semper optimè gerunt figuram mortis : (…) per oblationem, mortis ejus memoriam agunt (…) per ejus administrationem ad moriendum cum eo invitant ; (…) praeceptis faciunt ut Christiani mortificationem semper in corpore suo circumferant. (…) Illos infernus sequitur (…), quasi nobis Deus dicat : Moriandum vobis, ô Christiani, ut vitam habeatis, Ecclesiae Matri et pastoribus ejus in omnibus obtemperando, aut certè ecce infernus vos vivos deglutiet et absorbebit. »

[94] *L'Apocalipse de S. Jean Apotre* (Cologne 1713) 87-88 « C'est la mort qui peut seule donner l'avantage de recevoir la verité et la vie. (…) Il semble à l'ame qui est en cet état, que sa perte soit infaillible, & que le moment de sa mort la va precipiter dans l'enfer ; & elle ne se trompe pas : parce qu'elle experimente souvent un purgatoire si terrible, que ce lui est un enfer tout vivant. ». Elle paraît l'avoir compris notamment lors des cinq années qu'elle a passées à la Bastille et au travers d'autres épreuves personnelles ; cf. *La vie de Jeanne Marie Bouvières de la Mothe-Guyon écrite par elle-même* (Cologne 1720) II 266-267.

[95] Il faut noter ici un remarquable pressentiment de D. BARSOTTI *Meditazione sull'Apocalisse* (1966), en français *L'Apocalypse* (Paris 1974) 113-114. Il n'a pas vu la signification réelle des trois dernières

d'une prophétie d'*Amos*, telle que du moins l'a comprise la Vulgate : « Je serai ta mort, ô mort ! Je serai ta morsure, ô séjour des morts ! »[96]

S'inspirant d'Ézéchiel, Jean distingue quatre modalités de cette mort allégorique : 1° l'épée spirituelle de la prédication[97] ; 2° une faim spirituelle dévorante envoyée par Dieu et nécessaire au salut[98], 3° le trépas spirituel comme mort au péché et à ce monde mauvais, que symbolise le baptême[99] ; 4° les bêtes spirituelles enfin contre lesquelles tout chrétien mène sans cesse une lutte à mort, comme Jésus lui-même au désert[100] et comme aussi Paul, père fondateur des chrétientés asiates, spécialement à Éphèse, métropole des sept assemblées auxquelles s'adresse l'*Apocalypse*[101].

---

chevauchées, spécialement de la toute dernière, mais il a compris d'emblée que tout le contexte menait à cette idée, dès l'apparition de l'Agneau à la fois égorgé et debout, figure selon lui de la liturgie eucharistique qui célèbre à la fois la mort et la résurrection: « Non seulement le Christ mais tous les saints y vivent leur mort, dans la consommation de leur humanité transfigurée par la gloire divine. (…) C'est par la mort continuelle à nous-mêmes que la vie divine se fait présente en nous ».

[96] *Amos* 13, 14 : אהי דבריך מות אהי קטבך שאול ; Aquila traduisait : ἔσομαι ῥήματα σου, θάνατε; ἔσομαι διηγμοί σου, ᾅδη; Jérôme : *ero mors tua, o mors ; ero morsus tuus, inferne*. Paul quant à lui vocalisait l'hébreu différemment : ποῦ σου, θάνατε, τὸ νῖκος; ποῦ σου, θάνατε, τὸ κέντρον; (*1 Corinthiens* 15, 55), suivant plutôt en cela la Septante : ποῦ ἡ δίκη σου, θάνατε ; ποῦ τὸ κέντρον σου, ᾅδη ;

[97] *Hébreux* 4, 12 : *Car la Parole de Dieu est vivante, agissante, plus acérée qu'aucune épée à deux tranchants.*

[98] *Amos* 8, 11 : *J'enverrai la famine dans le pays, non pas la disette du pain et la soif de l'eau, mais la faim et la soif d'entendre les paroles de l'Eternel* ; *Matthieu* 5, 6 : *Bienheureux les affamés et assoiffés de justice, ils seront rassasiés.*

[99] *Rom.* 6, 3 : *Nous avons donc été enseveli avec lui par le baptême dans la mort* (εἰς τὸν θάνατον)

[100] *Marc* 1, 13 : *et, dans le désert, il resta quarante jours, tenté par Satan et il était avec les bêtes* (μετὰ τῶν θηρίων).

[101] *1 Cor.* 15, 32 : *Pourquoi nous aussi prenons-nous des risques à toute heure ? Chaque jour je meurs (…) Si c'est d'un point de vue humain que je*

Quant à ce qui s'appelle en grec l'*hadès* et en hébreu le *shéol*, « fosse » ou « sépulture », qui représente la collectivité des morts, c'est ici selon toute apparence l'Assemblée des saints en formation, que le Messie entraîne dans cette même course baptismale et salutaire vers le séjour céleste. De fait c'est la plus ancienne tradition chrétienne[102] qui rapporte et proclame que, dès avant sa résurrection, le Messie aurait visité *le shéol*, pour amener à leur perfection et salut tous ceux qui l'avaient attendu jadis et naguère, à commencer par Adam et Ève, s'il en faut croire une ancienne et pieuse tradition.

Cadre narratif de cette quadruple chevauchée

À ce point de notre étude des quatre premières chevauchées du Messie dans l'*Apocalypse*, nous ferons remarquer qu'on trouve à la fin du cycle des sept sceaux une sensible confirmation de tout ce qui précède. Il s'agit en l'occurrence de l'ouverture du sixième sceau, qui termine l'œuvre créatrice de l'Agneau, et qui correspond au sixième jour de la Genèse où furent créés l'homme et son épouse.

C'est à l'ouverture de ce sixième sceau que, pour boucler la boucle, nous voyons réapparaître le guide céleste de Jean, à savoir le premier d'entre les prophètes, Isaïe, de même que la Fée, marraine de Cendrillon, intervient une dernière fois, pour parfaire la parure de l'Aimée, après qu'elle a été reconnue comme l'épouse désirée, grâce à une pantoufle de verre : *Làdessus arriva la Maraine, qui, ayant donné un coup de sa baguette sur les habits de Cendrillon, les fît devenir encore plus magnifiques que tous les autres*. Et voici comment réapparaît de son côté le premier d'entre les prophètes (7, 13-17), une fois que le Messie bien-aimé a été reconnu, grâce à

---

me suis battu avec les bêtes (ἐθηριομάχησα) à Éphèse, à quoi cela me sert-il ?
[102] *Actes* 2, 24-32 ; *1 Pierre* 3, 19 ; *Matthieu* 12, 40 et 27, 52-53.

ses quatre couleurs successives : *L'un (εἷς) d'entre les Anciens (ἐκ τῶν πρεσβυτέρων) prit alors la parole et me dit : Ces gens vêtus de robes blanches, qui sont-ils et d'où viennent-ils ? Et moi de répondre : Monsieur, c'est toi qui le sais. Il reprit : Ce sont ceux qui viennent de la grande épreuve : ils ont lavé leurs robes et les ont blanchies dans le sang de l'Agneau. (...) « Jamais plus ils ne souffriront de la faim ni de la soif, jamais plus ils ne seront accablés ni par le soleil ni par aucun vent brûlant » [Isaïe 49, 10a], car l'Agneau qui se tient au milieu du trône « les conduira aux sources » [Isaïe 49, 10b] de la vie, et Dieu « essuiera toute larme de leurs yeux » [Isaïe 25, 8].*

C'est d'ailleurs tout naturellement que ces derniers mots terminent dans l'*Apocalypse* l'intervention du prophète Isaïe, dont les premiers mots (5, 5) avaient été : *« Ne pleure pas ! »* Simultanément il revient au passage de la Torah par lequel il avait commencé, à savoir à la promesse messianique, qu'on trouve en *Genèse* 49, 8-12. Les premiers mots d'Isaïe (*Apoc.* 5, 5) renvoyaient Jean à *Genèse* 49, 9 : *Juda est un jeune lion*. Ses derniers mots (*Apoc.* 7, 14) ramènent maintenant le voyant et ses lecteurs à *Genèse* 49, 11 : *Il lave son vêtement dans le vin, son habit dans le sang du raisin*, soulignant ainsi que tout était prédit dès le départ, y compris l'institution du baptême. Isaïe revient ici en effet vers Jean pour lui donner à entendre que ceux qui suivent Jésus, seront entraînés dans sa course, à travers la mort du baptême continuée par les mortifications de la vie chrétienne, vers le salut définitif. Ils voient comme Cendrillon leurs vêtements redevenir éclatants par l'opération merveilleuse de celui qui les sauve.

Mais si Isaïe se montre ici une dernière fois à Jean, c'est aussi tout simplement pour clore ce premier cycle d'années, et pour marquer une transition vers les septénaires suivants. Du point de vue narratif et dramaturgique, on passe ici d'une péripétie à une autre, ou, si l'on préfère, d'une scène à une autre, avec changement de personnages. Car, ainsi que nous l'avons suggéré en passant, c'est ensuite l'archange Michel qui prendra le relais d'Isaïe, comme guide céleste de Jean[103], en tant que « premier d'entre les sept anges ». Et c'est ce dernier qui, pour finir, proposera au voyant de contempler *la nouvelle Jérusalem, descendant du ciel d'auprès de Dieu, parée comme une fiancée pour son époux* (*Apoc.* 21, 2).

Quant à la *grande épreuve* en question *(τῆς θλίψεως τῆς μεγάλης)* dont viennent ceux qui *ont lavé leurs vêtement dans le sang de l'Agneau*, elle n'est visiblement rien d'autre que le baptême en tant que tel, considéré, avec une extraordinaire violence symbolique, comme la naissance d'un peuple nouveau, qui se constitue en quittant ce monde, par une sorte de génocide baptismal.

C'est évidemment là, très exactement, très littéralement même, l'*épreuve (θλῖψις)* qu'annonçait Daniel dans un passage que nous avons déjà cité (12, 1) : *Et en ce temps-là se lèvera Michel le grand chef qui est établi sur les fils de ton peuple, et ce sera un moment d'épreuve (καιρὸς θλίψεως), une épreuve (θλῖψις) telle qu'il n'y en a pas eu depuis qu'a été engendrée une nation sur la terre jusqu'à cette époque-là, et en ce temps-là sera sauvé tout ton peuple qui a été trouvé dans le livre (ἐν τῇ βίβλῳ).*

Il s'agit donc bien là d'une catastrophe paradoxalement salutaire, qui donne naissance à un peuple en le faisant mourir

---

[103] Michel lui-même y fait allusion à la fin de l'*Apocalypse* (22, 8-9) : *C'est moi Jean qui voyais et entendais tout cela. Une fois les paroles et les visions achevées, je tombai aux pieds de l'Ange* [Michel, le premier en dignité d'entre les sept anges] *pour l'adorer. Mais lui me dit : « Non, attention, je suis un serviteur comme toi et tes frères les prophètes* [les vingt-quatre Anciens, dont le premier en dignité, Isaïe, t'a guidé en premier lieu] *et ceux qui gardent les paroles de ce Livre* [c'est-à-dire l'Assemblée chrétienne]. *C'est Dieu qu'il faut adorer ».*

à ce monde, pour communier dès à présent aux mystères de la vie céleste.

Il n'y a rien en tout cela qui ne s'accorde très étroitement à ce qu'en écrit de son côté Paul aux mêmes chrétientés d'Asie proconsulaire (*Éphésiens* 5, 25-27) : *Le Christ a chéri l'Assemblée et s'est livré (παρέδωκεν) pour la sauver, afin de la sanctifier en la purifiant dans le bain de l'eau par une parole [créatrice], afin de lui-même se présenter à lui-même l'Assemblée, splendide, n'ayant ni tache ni ride ni rien de tel, et pour qu'elle soit au contraire sainte et irréprochable.*

D'où viennent les quatre montures du Messie ?

Un point reste à éclaircir, du point de vue de la narration. Si notre Cavalier n'est autre que l'Agneau qui tantôt siégeait sur le trône divin, d'où viennent ses quatre montures successives ? Dans l'ordre narratif, en effet, il n'est généralement rien qui surgisse du néant. C'est pourquoi, par exemple, la Fée marraine de Cendrillon, a besoin, selon Charles Perrault, de « six souris vivantes » pour fournir à son carrosse « un bel attelage de six chevaux d'un beau gris de souris pommelé »[104]. Selon cette même logique narrative élémentaire, chacun des quatre chevaux de l'*Apocalypse* n'est rien d'autre qu'une métamorphose du Vivant auquel il est associé par le récit de Jean. Le premier Vivant, à gueule de lion, crie au Lion-Agneau : « Viens ! » et tous deux disparaissent, remplacés par un cheval blanc et son cavalier. De même le second Vivant, à gueule de taureau, devient un

---

[104] Les huit scénaristes du *Cinderella* de Walt DISNEY, diffusé en 1950, cherchant à développer et étoffer le récit originel de Perrault, sont obligés par les lois de la narration d'inventer de même une relation familière préexistante entre Cendrillon et ces souris, dont le nombre est d'ailleurs ramené à quatre, plus facile à visualiser.

cheval rouge ; le troisième, à gueule humaine, un cheval noir ; et le quatrième, à gueule d'aigle, un cheval vert, tous quatre montés successivement par celui auquel ils ont crié tour à tour : « Viens ! ».

D'un point de vue scripturaire, il est manifeste que l'*Apocalypse de Jean* fusionne trois figurations de la Majesté céleste et des puissances angéliques qui forment sa cour rapprochée. Personne ne doute tout d'abord que Jean agglutine ici les *séraphim* d'Isaïe (*Is*. 6, 1-7) et les quatre *kéroubim* d'Ézéchiel (*Éz*. 1, 4-28 et 10, 1-22) : à Ézéchiel il reprend le nombre de ces créatures célestes (quatre), l'un de leurs noms (de *Vivants*), et, en la simplifiant, l'idée de leurs gueules animales variées ; à Isaïe, il emprunte le nombre de leurs ailes (six, au lieu des quatre d'Ézéchiel), et leur proclamation liturgique continuelle de la sainteté divine (« Saint, saint, saint ! »). Mais la structure narrative de notre passage nous oblige à constater que Jean les identifie encore aux quatre *chars (מרכבות, merkabot)*, ou groupes de *chevaux* de Zacharie, pareillement présentés par ce prophète comme les quatre puissances angéliques qui se tiennent devant Dieu : *« Ce sont là les quatre souffles (רחות, rouot) des cieux qui s'avancent, après s'être tenus devant le Maître de tout le pays »* (*Zach*. 6, 5).

Zacharie en fait pour sa part, avec insistance, des agents de renseignement qui, pour le compte de la divinité, « parcourent le pays »[105]. Ils rendent compte de leurs inspections à un mystérieux personnage céleste appelé *le Messager du Seigneur* (*Zach*. 6,7), lui-même monté sur l'un d'entre eux : *« C'était un homme monté sur un cheval rouge »* (*Zach*. 6, 5).

---

[105] Verbe הלך, *halak*, « marcher », avec pour régime ארץ, *erets*, « le pays », grec τὴν γῆν, voire « tout le pays » (πᾶσαν τὴν γῆν) : *Ézéchiel* 1, 10. 11 et 6, 7.

Jean est donc tout à fait fondé à confondre, d'une part ce mystérieux personnage céleste avec celui qui apparaît dans la vision inaugurale d'Ézéchiel, et d'autre part leurs véhicules respectifs. D'autant que dans les deux cas il s'agit d'un personnage céleste dont on ne voit pas clairement s'il s'agit de Dieu lui-même ou de son Ange. Cette ambiguïté, typiquement biblique depuis au moins le *livre de l'Exode*, n'est pas faite pour gêner Jean ; au contraire, elle sert admirablement sa théologie trinitaire implicite, qui insinue sans cesse que c'est la plénitude de la divinité qui se révèle et se manifeste dans le Messie. Quant à leurs véhicules respectifs, ce sont, du côté de Zacharie, des chevaux de couleurs différentes, qui peuvent être montés individuellement ou attelés en quatre chars distincts ; et du côté d'Ézéchiel, un trône porté par un char auquel sont attelés les quatre Vivants tétramorphes.

Ainsi, ce n'est pas seulement le Lion-Agneau qui se métamorphose en Cavalier, mais aussi son quadruple attelage céleste qui se subdivise en quatre montures angéliques successives, assimilées aux quatre vents, pour visiter et « parcourir tout le pays », c'est-à-dire la Palestine juive à laquelle Jésus, de son vivant, a délibérément cantonné sa prédication[106]. Dydime l'Aveugle, dans son commentaire

---

[106] *Matthieu* 4, 23 : « Il parcourait (περιῆγεν) toute la Galilée en enseignant etc. » ; 9, 35 : « Jésus parcourait (περιῆγεν) toutes les villes et les villages en enseignant etc. » Marc 6, 6 : « Jésus parcourait (περιῆγεν) les villages d'alentour en enseignant, etc. ». *Jean* 7, 1 : Après cela, Jésus parcourait (περιεπάτει) la Galilée, car il ne voulait pas marcher (περιπατεῖν) en Judée, parce que les Juifs (ou : les Judéens) cherchaient à le faire mourir. 11, 54 : C'est pourquoi Jésus ne marchait (περιεπάτει) plus ouvertement parmi les Juifs (ou : les Judéens) ; mais il se retira dans la contrée voisine du désert. etc. *Actes* 10, 37-39 : Vous savez (…), comment, à partir du baptême proclamé par Jean, Jésus de Nazareth, Dieu l'a fait Messie avec Esprit Saint et puissance, et comment il a couru le pays (διῆλθεν) en faisant

allégorique du *Livre de Zacharie*, lorsqu'il en vient à la vision du Cavalier au cheval rouge suivi de plusieurs autres chevaux aux robes variées, propose sans hésiter d'y reconnaître le Verbe de Dieu incarné dans la nature humaine de Jésus[107]. Nous pensons que l'auteur de l'*Apocalypse* faisait déjà de l'Écriture une lecture de ce genre, et que les montures successives du Verbe de Dieu qu'il imagine ne font que développer une virtualité du texte de *Zacharie*, puisque les chevaux qui y suivent le cavalier au cheval rouge, qui sont des souffles (*ruah,* pl. *ruot*), et dont le rôle est visiblement de « parcourir (*halak*) le pays (*erets*) », ne peuvent guère être compris que comme des montures angéliques alternatives du même seul et unique cavalier[108].

Jésus de Nazareth est donc ici implicitement identifié avec celui dont un Psaume déclare qu'il « *fait des nuées son char (rekoub) et marche (halak) sur les ailes du souffle (ruah)* »[109]. Cela n'a rien d'étonnant, puisque l'auteur de la *Lettre aux Hébreux* utilise le même passage pour établir la différence de dignité entre les Anges du service et le Verbe incarné[110]. Un autre Psaume autorise Jean à identifier sans hésiter les quatre *ruot* de Zacharie et les quatre *kéroubim* d'Ézéchiel,

---

le bien (…) et nous nous sommes témoins de ce qu'il a fait dans le pays (χώρᾳ) des Juifs et à Jérusalem.

[107] Édition de L. DOUTRELEAU, *Sur Zacharie*, t. 1 (SC 83; Paris 1962), *ad. loc.*

[108] Pour DYDIME, ce sont les différentes catégories de chrétiens qui prendront le relais de la proclamation évangélique après la mort du Messie, et les chevaux bigarrés le font penser spécialement à Paul, qui se faisait *tout à tous, juif avec les Juifs et grec avec les Grecs.*

[109] *Psaume* 104, 3, en grec ὁ περιπατῶν ἐπὶ πτερύγων ἀνέμων. On ne peut ici que songer au surnom dont Paul VERLAINE aurait affublé Arthur Rimbaud, « l'homme aux semelles de vent ». C'est peut-être là aussi l'origine de l'expression de Paul en *Galates* 5, 16 : πνεύματι περιπατεῖτε « marchez par l'esprit ».

[110] *Hébreux* 1, 7 alléguant *Ps.* 104, 4.

spécialement pour évoquer l'incarnation du Verbe de Dieu : « *Il abaissa les cieux et il descendit, il y avait une épaisse nuée sous ses pieds, il chevauchait (verbe רכב, rakab) un kéroub et il volait, il planait sur les ailes du ruah* »[111]. À l'aube de sa carrière publique, d'ailleurs, le diable ne suggère-t-il à Jésus de faire l'essai de ce mode de locomotion qui lui revient de droit comme fils de Dieu ? Qu'il se jette de l'*aileron* du Temple, et les anges le recueilleront dans leurs mains, comme le promet un autre Psaume[112]. Il s'y refuse. Et cependant, *les anges le servaient* (οἱ ἄγγελοι διηκόνουν αὐτῷ)[113]. C'est-à-dire que, secrètement et sans ostentation, il reste bien environné des Anges du Service, conformément aussi à ce que dit de ces mêmes anges la *Lettre aux Hébreux* (1, 14) : « Ne sont-ils pas tous des souffles ministériels (λειτουργικὰ πνεύματα) envoyés au service (διακονίαν) de ceux qui vont hériter du salut ? »

Les quatre montures successives du Messie semblent donc bien représenter l'irruption dans l'histoire humaine de la majesté céleste du Verbe divin, au cours de la carrière publique de Jésus de Nazareth en Palestine, de l'automne 29 à la Pâque de l'an 33. Elles en distinguent quatre étapes, chacune marquée par un dessein spirituel et des réalisations particulières qui sont les marques de fabriques du christianisme naissant : proclamation à travers le pays juif d'une ère nouvelle, confrontation et rupture avec les autorités et traditions religieuses constituées, subversion progressive

---

[111] *Ps.* 18, 9-10. C'est le même verbe que dans le psaume messianique cité plus haut (*Ps.* 45, 2-8) : *Tu es le plus beau des fils de l'homme. (...) Dans ta majesté avance-toi, chevauche (verbe רכב, rakab), combats pour la vérité, etc.*

[112] *Luc* 4, 9-13 (cf. *Matthieu* 4, 5-7) alléguant *Ps.* 90, 11-12.

[113] *Marc* 1, 13 (cf. *Matthieu*. 4, 11).

de tout clivage ethnique, acceptation sans réserve enfin d'une mort à soi-même inéluctable autant que nécessaire.

ÉLÉMENTS D'ICONOGRAPHIE

L'iconographie ancienne de l'*Apocalypse* montre que pendant des siècles les chrétiens ont eu de l'épisode des quatre chevauchées une tout autre interprétation que celle qui prévaut de nos jours. En voici quelques exemples qui vont du IXe au XIIIe siècle. On y voit des cavaliers qui jamais ne se mêlent mais se succèdent, qui se ressemblent fort et sont souvent nimbés comme des saints, parfois même clairement identifiés au Christ lui-même.

Nous finirons par une célèbre gravure d'Albrecht Dürer publiée vers 1498, puissamment dramatique et indéfiniment reproduite ou imitée jusqu'à nos jours, qui marque un tournant dans l'iconographie chrétienne et une rupture nette dans l'exégèse de l'*Apocalypse*. Les quatre chevauchées du Messie y deviennent une sorte d'escadron de la mort, missionné par la Divinité sans raison claire pour écraser les pauvres gens. Le récit de Jean est totalement déchristianisé et devient une simple allégorie des misères de ce monde, prétexte à un dessin pittoresque, voire légèrement sadique. Le quatrième cavalier, du reste, est affublé du trident de Pluton, dieu du monde souterrain. L'Enfer qui le suit est train d'avaler un évêque portant une tiare sans doute papale, ce qui manifeste une crise profonde de la religion chrétienne : il n'y a plus de place évidente pour le salut, et on est à la recherche d'un bouc émissaire.

Apocalypse de Trèves (vers 800) : les quatre cavaliers se succèdent et surtout sont tous nimbés, signe de sainteté.

Beatus de Valladolid (970) : les cavaliers se succèdent et ne diffèrent entre eux que par la couleur.

Beatus de Silos (vers 1109) : les cavaliers sont absolument identiques et ceux qui ne sont pas couronnés sont nimbés d'or.

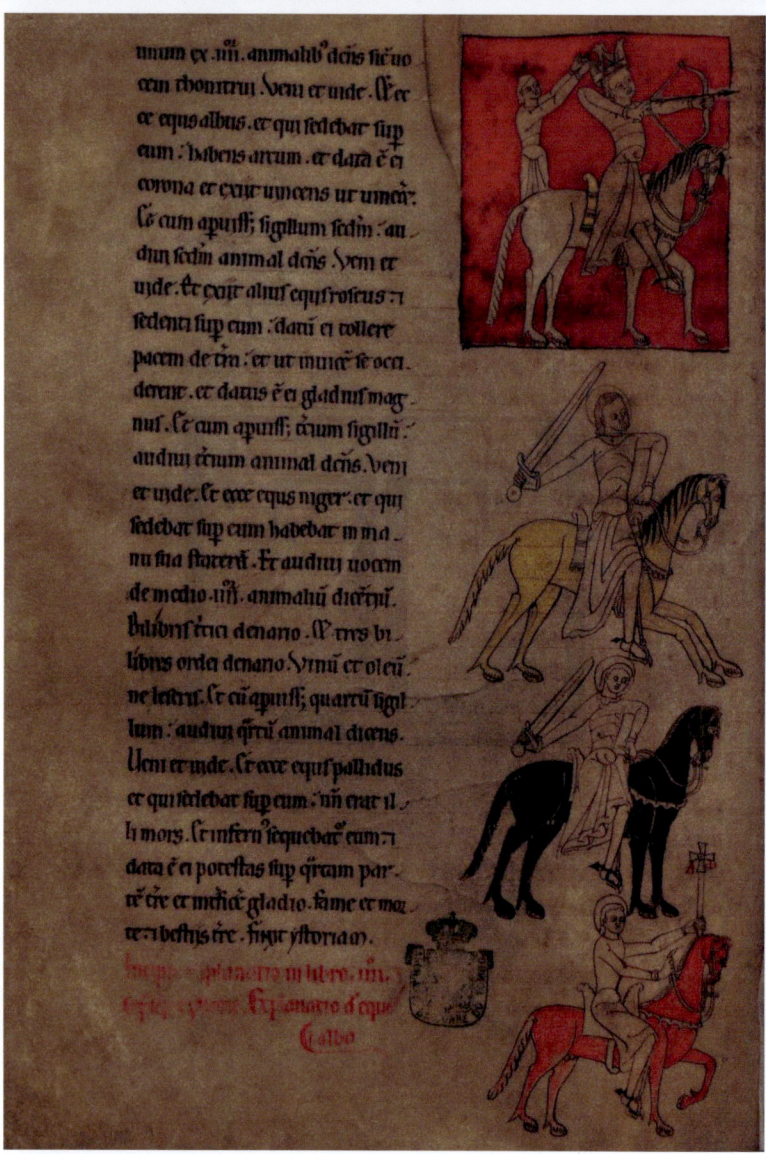

Beatus de Lorvão (1189) : les cavaliers se succèdent, et le dernier porte même une croix ornée de l'alpha et de l'oméga, symbole de la mort chrétienne.

Le quatrième cavalier appelé Mort brandit une croix chrétienne (1189).

Apocalypse de Douce (vers 1272) : Le quatrième cavalier porte un nimbe crucifère qui l'identifie expressément au Christ lui-même, et son cheval porte lui aussi une croix. Il brandit de plus ici une épée dont il menace un démon qui voudrait retenir des chrétiens jaillissant de la gueule des enfers, dont un roi, un évêque, un chevalier, une nonne et un moine.

L'Agneau qui ouvre le quatrième sceau, et l'Aigle qui crie « Viens ! » sont clairement situés dans des nuées figurant le monde céleste, tandis que leurs avatars terrestres, le Cavalier appelé Mort et et son Cheval foulent le même sol que le prophète Jean.

Quatrième chevauchée du Messie (vers 1272)

Albrecht Dürer (1498) : les prétendus quatre cavaliers de l'Apocalypse chevauchent ici de concert et sont très pittoresquement individualisés. L'artiste n'hésite pas de plus à leur inventer d'innocentes victimes.

Origines chrétiennes

Le présent ouvrage commence une collection consacrée à l'étude de la vie et des écrits des tout premiers chrétiens.

01. *Les quatre chevaux du Messie.* — Apocalypse 5-6 : un conte initiatique. — par Bernard Gineste (2019)

02. *Préhistoires du cheval noir.* — Apocalypse 6, 5-6 et l'origine de l'événement chrétien. — par Bernard Gineste (à paraître)

03. *La lettre authentique de Barnabé.* — Texte, traduction et notes. — par Bernard Gineste (à paraître)